如何成为一家千亿公司

胡华成 ◎ 著

中国商业出版社

图书在版编目（CIP）数据

如何成为一家千亿公司 / 胡华成著. -- 北京：中国商业出版社, 2024. 11. -- ISBN 978-7-5208-3171-0

Ⅰ. F276.6

中国国家版本馆 CIP 数据核字第 20249NW878 号

责任编辑：杨善红
策划编辑：刘万庆

中国商业出版社出版发行
（www.zgsycb.com 100053 北京广安门内报国寺 1 号）
总编室：010-63180647　　编辑室：010-83118925
发行部：010-83120835/8286
新华书店经销
香河县宏润印刷有限公司印刷

*

710 毫米 ×1000 毫米　16 开　13.5 印张　180 千字
2024 年 11 月第 1 版　2024 年 11 月第 1 次印刷
定价：68.00 元

****

（如有印装质量问题可更换）

自序

千亿公司是如何炼成的？

千亿公司是指市值达到千亿级别且具有雄厚实力和强大影响力的企业。在世界经济版图中，千亿公司的诞生与地理分布有关，哪个地区的千亿公司多，就说明这个地区的经济比较有活力，同时也表明这个地区商业资源转化为价值型企业的效能和速度比较高和比较快。

对于具体企业的成长，国内很多分析人士认为，做世界级领先的企业是因缘际会的结果，事实上，事情没有那么混沌。从系统思维的角度看，千亿公司如果在一个地区连续出现，就证明这个地方是经商兴业的好地方。

英国历史学家汤因比的"环境挑战应战学说"认为："地理即命运。"意思是说，一方水土养一方人，自然资源太丰富，这里的人就缺少上进的动力；自然条件太差，生活在这里的人就会一直在苦难的生存线上挣扎，也无暇上进；唯有那些不好不坏的地方，容易产生开放体系，能够产生进步主义思想，人们有变得更好的内在动力。其实，从企业的视角来考虑问题，也是如此。国内企业当中，千亿公司在长三角、珠三角和京津冀地区分布多一些；美国千亿公司集中在硅谷和西雅图。可见，所谓的千亿公司，往往是选对了地方。

本书对于很多千亿公司的描述，基于它们现在在全球商业界的地位，运用过程思维去回溯它们成为千亿公司的内在、外在条件。而培养过程思维是一个系统性的过程，对于千亿公司来说，需要先明确目标，理解目标的重要性，然后再采取相应的措施来逐步培养和提升。

如何成为一家千亿公司

　　企业过程思维，其实指的就是企业战略发展阶段问题，对于千亿公司来说，指的是其战略运营的结构和权重。

　　千亿公司不是一步登顶的，往往要分成几个战略发展阶段，而在战略设计过程中，分清战略阶段和不同阶段的关键问题和解决方案则是重中之重。企业有大志向但最终失败，原因往往就是理解错了战略阶段。反观那些成功的企业，其对于赛道、目标、原创精神和战略发展阶段往往有更好的统筹能力。

　　用过程思维去分解千亿公司，可以看到它们是如何将大目标变成阶段性目标，并在开始做任何任务或项目之前又设定出清晰、具体、可衡量的小目标的。这便是过程思维的具象化。

　　千亿公司一般都是双层管理结构，一个结构是用战略的眼光制定企业价值观和设计生产关系，并有专业人员对其进行检讨和监督；另一个结构是依据预设结果，对事物发展过程进行计划和安排，该结构强调对过程的重视和计划，以更有效地保障目标结果的实现。

　　千亿公司里有一千个甚至一万个不同进度的小目标，每一个小目标都是过程思维的产物，其背后是一个个工作团队，在具体的场景里分析问题、判断事物的合理性，从而更有效地进行过程规划和管理，并且在进展过程中定期进行回顾和总结，发现不足并改进它们，为未来的项目或任务提供借鉴和参考。

　　最后，希望阅读本书的读者，可以在学习和借鉴千亿公司的经验和教训的基础上，理解千亿公司背后的运作规律，知其然，更知其所以然。

2024 年 7 月 15 日于常州

前言

揭秘千亿公司的发展规律

本书有一个哲学思考，企业规模的大和小是相对的。淡水河里最大的鲫鱼可能只有两三斤，但在海洋里，令人生畏的鲨鱼才不过是中等体量。我们类比一下，在企业规模之外，还有一个评价系统，叫产业地位。有些企业虽然规模不大，但产业地位很重要，比如光刻机巨头阿斯麦尔（ASML），就在芯片产业链上获得了核心地位。因此，企业到底是奉行产业地位排第一的竞争哲学，还是规模为王的竞争哲学，其实是企业家的选择，选择不同，导致经营结果也不同。

在我看来，千亿公司其实就相当于海洋中的虎鲸，也可以叫虎鲸企业。虎鲸肯定不是生活在池塘里的物种，虎鲸猎杀的对象，既有鲨鱼，也有地球上最大的动物鲸。因此，只有足够宽广的海洋才是虎鲸的栖息之地。螳螂虾是海洋里的一个奇迹，其捕获猎物的速度世界第一，但其体格微小，只能用螯锤敲死小鱼、小贝壳，注定不可能向最强者发起挑战。

规模代表了企业积累资产的能力，很多大而不强的企业，在市场变化的时候就如软体动物般脆弱，在市场中，我们已经看到了不少这种知名企业的破产。因此，又大又强是本书要表达的内容，即一个规模企业如何做到大而强，其中大是数量问题，强是结构问题，企业结构坚强稳固，资源的吐纳能力就大。

作为企业家，在创办企业之初需要面对的问题是：产业空间有多大？

在这个产业空间里，企业家希望创造怎样的成果？这两个问题，关乎企业的发展方向。从观察一些千亿公司的发展过程中我们发现了一个规律：这些企业的创始人在初创阶段就做出了理性的决定——选择了最广阔的发展赛道，并将自身有限的资源投入其中。这说明，千亿公司的兴起不是出于兴趣驱动，而是基于理性的选择，并在运营过程中建立了使命驱动。这种理性做第一以及建立了使命驱动的精神，往往是为了让世界变得不同，从而吸引世界级人才和团队的加入，将一项事业变成聪明人和有智慧的人的集群游戏。在商业世界中，创办一家企业并非了不起的事情，但是要成为一个拥有使命、以价值观驱动、实施战略管理、实现产融结合和最佳资源组合的企业，则需要优秀的企业家的引领。因此，千亿公司需要配备优秀的企业家。

在企业发展的过程中，企业家的使命感和价值观的引领至关重要。企业家需要不断注入新的理念和思想，使企业在不断的创新中实现自身的发展和壮大。只有在拥有使命感和价值观的驱动下，企业才能获得更广阔的发展空间，吸引更多的优秀人才和资源的加入，为实现企业的长期发展奠定坚实的基础。

从有限资源到产业空间的选择，企业家需要以理性的眼光审视市场，选择最适合自身发展的赛道。在创业初期，企业家必须对自身的资源、优势以及行业的发展空间有清晰的认识，明确未来的目标和愿景。千亿公司的崛起并非偶然，而是建立在对市场和产业的深刻理解和选择的基础上的。企业家需要具备前瞻性的眼光和理性的决策能力，将有限的资源投入到最具潜力的赛道，从而实现企业的可持续发展。

在企业成长的道路上，每一次转型都是一场深度的思考，每一次突破都伴随着智慧的积累。从初创企业到千亿公司的蜕变，不仅是规模的扩张，更是战略眼光、过程管理和人才储备的全方位提升。本书深刻揭示了企业成长过程中的核心要素——过程思维，以及它在企业全周期战略管理中的重要性。

企业的成长历程如同一次漫长的航行，只有经历风浪的洗礼，才能抵达成功的彼岸。从初创期的摸索到成熟期的稳定，再到成为千亿公司的跨越，每一步都离不开对过程的深刻理解和精准把控。这种全周期战略管理的智慧，让企业在每一个阶段都能找到正确的前进方向，为未来的发展奠定坚实的基础。

过程思维是企业在成长过程中不可或缺的一种思维方式，它要求企业不仅要有敏锐的市场洞察力，更要有对内部运营流程的深刻理解和精细管理。正如本书所述，出色的过程管理和流程管理需要大量感觉敏锐的经营人才。这些人才能够准确把握市场动态，及时调整企业战略，确保企业能够在复杂多变的市场环境中立于不败之地。

在千亿公司中，一定有一群从一线打拼出来的常胜将军，他们凭借丰富的实战经验和对市场的敏锐洞察，成为企业最宝贵的财富。同时，一个高效协作的团队也是企业成功的关键。正如一艘货轮从一个港口驶向另一个港口需要专业团队的过程控制一样，企业从普通发展为千亿级，也需要一个默契配合、协同作战的团队来应对过程中的各种挑战和危机。

千亿公司在经营管理过程中，强调"道、法、术"三者的融合，"道"指的是企业的愿景和使命，"法"指的是企业的规章制度和管理流程，"术"指的则是企业具体的运营技巧和手段。很多企业虽然具备强大的洞察力，但由于缺乏合宜的过程控制能力和随机应变的突发应急能力，导致"道、法、术"三者分离，无法形成合力。因此，只有将这三者有机融合，才能让企业在激烈的市场竞争中立于不败之地。

总之，千亿公司在发展壮大的过程中，往往经历了几个产业周期的洗礼，穿越过好几个"从波峰到波谷，然后走出山坳"的"死亡之谷"。在这个过程中，企业家往往具备了大无畏的精神，敢于直面自己内心的脆弱和模糊世界带来的恐惧，经历一路惊险，无数次将困难变成机遇，给企业带来一次次蜕变，直至成为千亿公司。

目录

第一章　千亿公司的基石

1. 具有一等雄心的创始人 / 2
2. 全球化运营网络和人才梯队 / 4
3. 创新颠覆者和做第一的习惯 / 6
4. 基于价值观的卓越领导力 / 8
5. 敢于在主流市场竞争的产业巨人 / 11
6. 在万亿确定需求领域调重兵 / 13
7. 永远保持鲜活的经营热情 / 15

第二章　成为千亿公司的路径与方法

1. 水大鱼大，赛道决胜 / 20
2. 洞察未来，战略驱动 / 23
3. 文化价值观引领和管理控局 / 25
4. 人才梯队驾驭千亿规模公司 / 29
5. 资源生态整合 / 32
6. 资本运营实现战略扩张 / 34

第三章　万亿赛道，千亿公司

1. 世界"独角兽"和"十角兽"地图 / 40
2. 中国千亿公司的赛道演义 / 43
3. 千亿公司的中国模式：城市孵化器 / 46
4. 新一代技术带来的战略机遇 / 50
5. 基于洞察力的战略赛道选择 / 53
6. 战略赛道组合 / 57
7. 赛道堵塞战略 / 60

第四章　千亿公司的战略和执行

1. 直达千亿的战略 / 66
2. 认知领先实现战略领先 / 71
3. 战略对标和战略超越 / 73
4. 战略执行的要义 / 77
5. 战略执行和业财融合 / 80
6. 重构战略决策流程 / 84

第五章　制度和流程让千亿公司拥有超级组织能力

1. 活力管理，千亿公司的超级组织能力 / 90
2. IPD集成开发流程，成就伟大产品 / 93
3. 千亿公司，制度是根本 / 96

4. 一切权力归流程 / 100

5. 超级组织能力造就常胜将军 / 104

第六章　人才团队和超级运营力

1. 从人才团队到人才梯队 / 110

2. 高效运营的策略和方法 / 113

3. 千亿公司是一台学习机器 / 117

4. 敢于争抢天才和天才团队 / 121

5. 构建超级品牌用户社区 / 124

6. 超级运营力决胜在终端 / 128

第七章　千亿公司的资源整合和生态链构建

1. 利益共赢的供应链整合 / 134

2. 千亿公司掌控完整价值链 / 137

3. 鱼和熊掌可以兼得 / 141

4. 价值链链主庇护集群联盟企业 / 144

5. 生态平台企业的超级规模 / 147

第八章　千亿公司的投行思维和战略投资

1. 战略并购和投后管理 / 154

2. 为增强市场地位和核心竞争力而投资 / 158

3. 低成本融资渠道的获取策略 / 162

4. 千亿公司的产融战略 / 165

5. 战略投资和第二曲线启动 / 169

6. 战略价值创造促进市值管理 / 172

第九章　合规、社会责任和可持续发展

1. 千亿公司的经验教训 / 178

2. 合规和全球经营风险防控 / 182

3. 持续自我纠错，推进可持续发展 / 186

4. 千亿公司的社会责任 / 189

后记

卓越者的时代到来了 / 194

附录

附录一：给即将进行 IPO 企业核心管理团队的一封信 / 196

附录二：给百亿市值企业核心管理团队的一封信 / 198

附录三：给千亿市值上市企业核心管理团队的一封信 / 200

第一章
千亿公司的基石

1. 具有一等雄心的创始人

今天，我们可以看到市值几万亿美元的公司的存在，比一些国家的GDP还要高，这说明，我们生活的时代，是一个可以孕育超级公司时代。每一家千亿公司几乎都是全球化网络公司，这是商业全球化时代的新物种。

对于公司来说，大富大贵并非天命，而是一种选择，在不违背物理定律的情况下，一切皆有可能。彼得·德鲁克说："管理的价值，就是让一群平凡的人做不平凡的事业。"那些伟大的公司都是产业革命的引领者，我们需要去理解千亿公司的精神内核，在理解这些精神内核之后，才能够在自己的企业内植入这种精神内核。

主动做引领者而不是跟随者，这种内在的勇气，其实是千亿公司的企业基因。

有一种人注定不平凡，这样的人就是具备企业家精神的人。熊彼特说："企业家是市场经济中的皇冠。"松下幸之助说："没有企业家引领的经济体是荒唐可笑的。"

企业的创始人有很多种，他们做着五花八门的生意，每个人的想法都不同。在本书中，我们主要讨论一些千亿公司老总的心智结构到底是怎样的。

对于企业来说，拥有具有一等雄心的创始人非常重要，这是做成世界级企业的第一个战略支柱。千亿公司的发展过程，是天天过关、天天克服发展障碍的过程，企业创始人如果没有统领一个产业的心智，也就没有创立千亿公司的能力。即使外部条件将一些人推上来，但外部条件一变，他们瞬间就会现出原形，龙就是龙，虫就是虫。专业的投资机构往往要在区分龙虫上下大功夫，付出巨大的代价，才能将一流的创始人挑选出来。

一人横行江湖，为侠客；指挥千军万马，会排兵布阵，为将帅。具有一等雄心的创始人，会统领庞大的力量型组织。伟大的企业一定有一位伟大的创始人，这些创始人的视野、决策力和领导力对于企业的长期发展具有深远的影响。

华为创始人任正非多次向高管推荐阅读第二次世界大战将帅的传记，这些将帅的心智结构，是任正非最为关注的。在第二次世界大战的战场上，将帅们都面临着两难或者多难的困境，在生死困境中，他们如何展开决策力和行动力，是关键的观察点。

千亿公司的创始人在面对困难和挑战时，往往能够迅速做出决策并采取行动。他们具备强烈的责任感和使命感，愿意为了企业的长远发展承担风险和责任。比如，2012年，华为就发起了备胎计划，这是企业为了战略生存而必须做的事情，这种决策力和行动力能够确保企业在激烈的市场竞争中保持领先地位。千亿公司的创始人能够带领团队共同面对挑战，激发团队成员的潜力，形成良好的团队氛围；同时，还能够影响企业的文化、价值观和发展方向，使企业在竞争中保持独特的优势。

千亿公司的行动主要分为两种：常规行动和核心行动。其中，常规行动包括日常的生产、销售、市场推广、客户服务等各个环节，它们是企业稳定发展的基础。核心行动往往由企业的创始人或核心团队发起，关注的是企业的长远发展和战略布局，可能包括重大的投资决策、战略转型、文化塑造等，对企业的影响深远且难以替代。因此，核心行动被形象地称为"一把手工程"，它们的成功实施往往需要企业最高层的亲自推动和决策。

核心行动体现了创始人的责任和担当。作为企业的创始人，不仅要对他人负责，更要对自己负责。这种责任不仅体现在对企业发展的规划上，更体现在对企业文化的塑造和对企业精神的传承上。通过展开核心行动，创始人能够将自己的理念、价值观注入企业，使其成为推动企业不断前行的强大动力。从我们的观察来看，一个不提倡原创突破的创始人，其所领导的企业很难活过两个到三个产品迭代周期。

具有一等雄心的创始人通常具备卓越的领导力和影响力。一个千亿公司的创始人不仅是企业的领导者，还是一个行动网络的领导者，可能同时统领着由上百家甚至上千家企业组成的供应链网络。比如，阿里巴巴就是一个涉及众多企业和数亿用户的供应链网络。在供应链网络中的所有人或者企业，都是创始人需要照顾的对象。在我们这样的时代，一个千亿公司的创始人担负着与市场、资本和用户沟通的责任。这也是他们的新使命。

具有一等雄心的创始人通常有着宏大的愿景和远大的目标，他们不满足眼前的成就，不断追求卓越，希望将企业打造成行业的领导者或世界级企业。这种愿景和目标能够激发整个团队的积极性和创造力，推动企业不断向前发展。

2. 全球化运营网络和人才梯队

全球化运营网络和人才梯队的作用是一起滚雪球，令企业越"滚"越大。一般而言，千亿公司都拥有复杂的架构和部门，这意味着从单一视角很难认识企业全貌，因此看一家世界级企业，仅从产值来做粗略对比是毫无意义的。

其实，千亿公司的根本资源是人才梯队。人才梯队之所以重要，原因在于企业不能只有杰出人才，还需要有大量的执行型人才，千亿公司是多层次人才的结合体。

千亿公司天然就是全球公司，其除了有强大的人才梯队，还需要有全球化的运营网络。而对于千亿公司来说，构建全球化运营网络不是难事，关键是要知道自己是千亿公司，从这个定位出发去构建全球化的运营网络，而不是画地为牢。要知道,在有些国家,即使一个仅有三个人的创业团队,其企业产品和服务也可以是全球化的。

对于千亿公司来说,人才梯队和全球化运营网络是不可分割的整体。这基于一个基本事实,人才梯队是在全球市场的运营中实战出来的,可以说,全球化运营网络是千亿公司人才梯队培养的基本路径,亦是千亿公司的生存之本。

当谈及千亿公司的成功之道时,必不能忽视全球化运营网络和人才梯队的重要性。这两者如同一对翅膀,可以将企业核心行动(长远发展和战略布局、文化塑造和精神传承)所带来的关键成果放大到极致。

全球化运营网络为企业拓宽了更多的可能性和发展空间。通过建立起完善的供应链体系、跨国合作伙伴关系以及高效的市场销售网络,千亿公司得以将自身的影响力和覆盖范围不断扩大。这种全球化的运营模式不仅可以让企业更好地把握市场机遇,还可以让企业更灵活地应对各种挑战和风险,从而保持竞争优势。

人才梯队的重要性不容小觑。优秀的员工是企业成功的基石,他们不仅需要具备过硬的专业技能,还需要具备团队合作精神和创新意识。一个稳固且多样化的人才梯队能够为企业注入持久的活力和创造力以及源源不断的动力。

说到底,赛道空间足够大,产品卖得好,是千亿公司的本质,好产品卖不好,就是人才和运营系统出了问题,具体来说就是战略和执行之间出现了脱节。

当千亿公司的核心行动与全球化运营网络和人才梯队紧密结合时,便会激发出协同作用的巨大能量。千亿公司将在这种合力下,逐步实现系统化运营的目标,不断迭代优化自身的工作流程,最终实现既定的战略目标。

在这个不断变化和竞争激烈的时代,唯有不断强化核心行动,拓宽全球化视野,培养优秀人才,千亿公司才能在激烈的市场竞争中立于不败之地，赢得持续的成功和发展。

3. 创新颠覆者和做第一的习惯

每一家千亿公司都是从小企业走过来的，但和小企业一直爬行、慢慢积累的方式不同，一般情况下，千亿公司都有一个指数式发展的周期，这几乎成了一种规律。因此，无论是国内的投资机构，还是硅谷的投资机构，都期待自己能够幸运地搭上千亿公司指数式增长的周期。

对于天使投资人或者职业投资人来说，在充分了解企业创始人的履历后，都很在乎这些创始人所做出的现实成绩和对未来产业空间的预判。投资者认为，一个敢于创新且能够押上自己全部身家的创始人，是值得在其身上投资的。

由上可见，投资者最为欢迎的创始人团队，往往是创新颠覆者。在精神层面，这些创始人团队都有做第一的习惯，他们就好像赛车手，永远不会容忍自己的车被超越或者屈尊做一名跟随者。永远做第一，是千亿公司创始人团队的基因。

从当下的市场情况看，几乎每一个产业经济的赛道里都"企满为患"，成熟产业几乎都过剩，价格战一波接着一波，根本就没有停下来的意思。而在高端产业和高质量经济之中，平替者也在不断出现。很多千亿公司都是从平替者的角色开始的，至于企业走出平替的周期有多长，则要看企业向上冲锋的潜力以及向上攀登的决心有多大。创新颠覆和做第一是成为千亿公司必须的内核基因。

这里我们以华为公司为例。我们知道，在手机领域苹果是智能手机的开创者，乔布斯重新定义了手机市场，也开创了移动互动网时代，是个典型的系统创新者。而市场对于系统创新者的奖赏也足够大，Counterpoint 市场研究机构公布的2022年的数据显示，苹果公司凭借自己的综合能力，独占世界手机整体市场85%的利润，这意味着华为手机的利润只占了世界手机市场利润的一个零头。

但华为并没有气馁和放弃，永远创新、永争第一，或许就是千亿公司固有的基因。而事实上，华为也确实有追赶甚至超越苹果的实力。首先，华为在战略构建和实施上非常优秀，这让其有了冲击顶峰的潜力。其次，华为有不惧艰难、不怕压力的拼搏韧性，这使其没有回避任何市场问题，而是从最难的芯片和操作系统做起，以颠覆者和永做第一的姿态向上攀爬，以"革命性"的产品赢得了市场的尊重。

在大产业中做第一，是千亿公司的内在要求和一种理想的发展形态。有一次，中央电视台主持人史小诺在访谈中问华为消费者业务 CEO 余承东："世界上有这么多优秀的企业家和这么多聪明的人，我们做个第二不行吗？"余承东想了想说："如果追求第二，可能就变成三流四流的企业。如果追求第一，即使短期内做不到第一，但持之以恒地努力，迟早会变成第一。"

对于千亿公司领导者的性格，余承东给出的答案是"不屈"，这和华为企业永远要强的内在基因完全吻合。

在快速变化的市场环境中，创新是企业保持竞争力的关键。不断寻求创新、探索新技术和业务模式可以帮助企业更好地适应市场变化，抢占先机。超额利润都在先机里，成为第一是一种追求。

创新可以帮助企业开拓新市场，满足消费者不断变化的需求。通过推出新产品、提供新服务或采用新营销策略，企业可以吸引更多客户并实现增长。对于很多颠覆性的创新而言，市场是随着用户市场的扩大而扩大的，颠覆性的企业往往都有一个漫长的潜伏期。

创新能够激发员工的创造力和潜力，让他们投入充满活力和想象力的工作，这有助于提高员工的满意度和团队凝聚力。成为第一可以为企业树立良好的品牌形象和口碑，增强消费者对企业的信任和忠诚度，这有助于提升企业的市场地位和影响力。追求第一可以帮助企业建立起行业领先地位，赢得更多市场份额和客户资源。在竞争激烈的市场中，第一往往能获得更多的曝光机会和认可。永争第一可以激励团队不断超越自我、追求卓越。这种习惯能够促使企业内部不断创新、提升绩效，推动整个团队向着共同的目标努力。

华为的案例说明，对于一家千亿公司来说，做创新颠覆者和养成做第一的习惯至关重要。只有不断创新，不断追求卓越，企业才能在激烈的市场竞争中立于不败之地，保持持续的成功和发展。

4. 基于价值观的卓越领导力

"金钱"领导者是企业界最普遍的，很多企业始终是小规模企业的原因，在于在发展过程中会不断发生类似于蜜蜂的"分蜂"现象。

比如，创始人和运营经理之间就容易产生矛盾。创始人会将运营系统交给运营经理，而自己则去做统筹企业财务资源建设供应链的工作。如此，时间一长，运营经理就会产生自己养活全公司的错觉，觉得所有的钱都是自己带队挣回来的。矛盾发生后，运营经理最后可能会带队离开，这样，这家企业无疑就变成了孵化器，孵化出很多竞争对手。这就是小企业的基因，即以金钱为主导。通常，这样的企业都缺少基本的管理常识。

我们讲以金钱为主导的小企业的弊端，只是想和价值观领导者、价值观领导力做一个区分。千亿公司的基因来源于创始人，但要高于创始人，即要对企业建立形而上的抽象结构，就是务虚。华为就专门有一个会，叫务虚会。在务虚会上，华为所做的每一件事情，都要放在价值观里进行检验，《华为基本法》就是这样的一个检验尺度。可见，想要将企业做大做强，就需要建立起共识，然后利用这个共识对团队所做的每件事情进行协商和检验。创始人基于这个共识规则去管理，就是基于价值观的管理。

基于价值观的管理，要求创始人先交出权力，把权力交给企业流程，而不是保持决策的随意性和毫无边界感的企业人际关系。每个人的责权利都放到流程里，对于创始人和核心团队成员来说，是限制了自由，但实际上，这是对于创始人和管理者最大的保护。没有基于价值观的规则制定，只能搞人身依附，变成忠诚竞赛，这种企业注定是小企业架构，因而无法发展壮大。

基于价值观进行管理的企业，其价值观就是这个企业文化认同的渡船，对企业价值观深度认同的人会留下来，那些不认同企业价值观的人，则会被逐渐淘汰掉。而基于价值观的卓越领导力则强调人的品格，即能够做到在精神层面上对他人产生积极影响。能够成为千亿公司的核心领导团队成员，必须在价值观和领导能力上获得双重认同。他们需要在千亿公司里找到自己的热爱和成就感，实现使命驱动。

大企业的创始人需要有足够的影响力，这种影响力来自价值观和亲自垂范的行为。基于企业价值观的领导力，让企业的创始人不再是企业的权力中心。比如，"以客户为中心"就表示企业的权力中心转移到了客户那里，一切为了客户，把客户当成自己的领导者。

比如，"以价值为纲"，看似很寻常的几个字，其实是一种非常明确的宣誓，一句话就打破了"部门墙"。企业当中的每一个人对于企业的认识，都是出于自己的本位思考得出的结论，往往都觉得自己的部门最重要。

在探访全球知名的高科技公司的过程中，发现在高科技公司的研发部门，工程师们会认为这家企业是一家纯正的科技企业。他们认为，企业技术领先是重于一切的事情，因此希望得到更多的预算，以便能够对整个产业的技术系统进行更多的前瞻性研究。

而在运营部门运营团队的管理者们会觉得自己的企业是一家消费品企业，面对的是全球用户，认为品牌对于企业的运作起到了关键作用，因此他们主张将大量的资源投入品牌维护和全球化运营领域，扎根全球主要市场，获得竞争优势。

"以价值为纲"则认为企业流程中的每一个人都需要做出自己的贡献，这个贡献即创造客户价值。运营部门不能否定财务部门、研发部门和人事部门的价值，同样，研发部门等也不能否定运营部门的价值，而应是协同起来，将整个价值创造的流程打通。每一个部门和每一个人都是重要的，大家都是价值创造系统中的一个节点，也没有人代表全部，也没有人被忽略和被扭曲轻视。

千亿公司一般有一个规律，即拥有高于社会一般水平的薪酬体系，毕竟价值观是不能直接当饭吃的，优秀企业是一边吃好饭，一边讲价值观引领。企业对于人才的吸引力需要高薪酬来支撑，高薪酬意味着高支出和高成本，因此在商业模式的设计上需要坚持高利润模式，而高利润又依赖创新价值。因此，客户价值创造能力和维持高薪的能力是一对相互增益的循环体系，运行良好的大企业都在这个增益循环当中。以奋斗者为本，其实也在这个价值循环中，人并非燃料，而是企业的价值节点和文化节点。

企业的价值观不仅能够实现对于大组织的管理，也能够穿透"山头文化"，从大局、从长远出发进行战略决策。企业的价值观，让企业能够明白自己的角色和使命，在某些时候不能完全听从投资人的意见，企业不以获取利润为唯一目标，而是将利润投入战略能力领域。

基于价值观的卓越领导能力，要求千亿公司的核心管理团队必须去引领创新，用开放的心态不断学习和借鉴其他行业和企业的优秀经验与技术。鼓励员工提出新的想法和建议，为内部创新提供足够的支持和资源。创新往往伴随着风险，企业需要建立容错机制，要经常进行自我批评，允许失败，并从失败中吸取教训。企业的价值观也要求企业在追求成为第一的过程中注重社会责任和可持续发展，为社会和环境做出贡献。其实，创新和占据产业先机，是企业卓越领导力的一种表现，也是对于创始人和核心团队的一种保护，不创新才是最大的风险。

5. 敢于在主流市场竞争的产业巨人

从常规思维来看，只有产业巨人才能挑战产业巨人，事实也是如此，商业领域没有四两拨千斤的事情发生。现在和未来，更是产业巨人之间的竞赛，企业的发展逻辑已经变了，互联网企业往往具有赢家通吃的特征。正因如此，才需要研究千亿公司的内在逻辑。

本书对于千亿公司的全周期发展流程进行研究，主要是想讲述新的"独角兽"企业如何崛起。在信息化时代，市场没有躲藏的空间，新的"独角兽"企业诞生的时候，巨人企业能够感受到，数字、智能化让那些产业巨人同样拥有变革的灵活性。人工智能让这些产业巨人变得更加强大，对于市场的响应能力进一步增强。

作为全球化大企业，拼多多创始人黄铮在和字节跳动创始人对话时曾说过这样的话："我们这一代人天然就是全球化的，与全球市场共发展是一种必然。"在这些企业中，事业不再局限于一城一地一国，而是全球，国际化视野成为必备素质。随着全球化的深入发展，国际市场的竞争也日益激烈。因此，巨人企业之间的竞争将不再局限于国内市场，而是扩展到了全球范围。它们更加注重国际化视野和全球布局，通过拓展海外市场、加强国际合作等方式，提升自身在全球市场的影响力和竞争力。

产业巨人之间虽然也存在着激烈的竞争，但竞合策略在全球是普遍性的。即使在竞争对手之间，也有着广泛的知识产权合作，这是知识企业必然的作为。在新的竞争格局下，单打独斗已经很难取得优势。因此，巨人企业之间将更加注重生态合作，通过共建生态圈、共享资源、协同创新等方式，实现优势互补和互利共赢。这样的合作模式将有助于提升整个行业的竞争力和创新能力。

做敢于在主流市场竞争的产业巨人，往往需要杰出的心智能力。马斯克的 SpaceX 一开始挑战的就是 NASA，目标是将人类太空运输的成本降低 90%，并移民火星。许多企业家无法理解他的行为和想法。马斯克提出的高目标，连 NASA 也做不到，只能做一个观念跟随者，而一旦成为观念跟随者，在战略上就失去了话语权。千亿公司往往会出现一些大开大合的创始人，他们的想法介于可能和不可能之间，但会采取永续的行动，这种行动精神能够感召大众的支持和资本的追随，而与之相反，若没有观念引领，则很难做成世界级的事业。

我们细心观察，就会发现那些千亿公司，特别是一些"独角兽""十角兽"企业往往是一些产业的搅动者。他们能够迅速从市场中拿到话语权，用价值观对资本市场进行一场集团说服。这代表了新的千亿公司使用价值观进行外部资源的管理。对于一个千亿公司来说，其自身的资源毕竟有限，只有能够用价值观调动大量的外部资源，形成一个行动网络，才能让企业充满力量。

语言是人类组织运行的基础。伟大的企业都是建立在自己的叙事架构之上的，企业为什么能够将几万人、几十万人团结在一起，其主要原因并不完全在于工资和收入结构，而是构建了一个可以供几十万人相互叙事的网络，这是企业的文化软实力。中国企业尤其是中小企业相对欠缺对于上述事实的认知。

一流的企业家不仅能够做好企业，也是话语的发明者。在华为，就形成了一个以文化和价值观管理的文化传播体系。华为创始人任正非在心声社区发表的总裁办文件是公开的，所有人都能看到，这种强大的文宣体系为华为树立了世界观和价值观品牌。由此可见，一流的企业不仅是产品工厂，也是一流商业观念的策源地。

6. 在万亿确定需求领域调重兵

在本章，细心的读者会发现，我们谈及千亿公司的基石，大多数都是软性因素，属于软科学范畴，这其实是在承认"人本企业"的基础上，对于千亿公司的发展周期进行重新界定。本节"在万亿确定需求领域调重兵"同样可以这样理解，这是千亿公司的行动观，在缝隙市场和单一的利基市场，根本无法形成大决战的态势，因此一开始就是"大象思维"而不是到处躲藏的"负鼠思维"，这是千亿公司的思维方式。

以前，聚焦是一种战略方式，也是战略构建的基本点，聚焦的学说让企业能够找到自己的利基市场，然后在利基市场里奋斗出自己的市场地位，在用户心智里占据一定的位置。大中小企业都会做这样的决策。但今天的市场似乎都在碎片化，哪怕在一个完整的利基市场中，往往也有几个解决方案，利基市场也是动态的、迭代的。在这样的市场现况中，千亿公司的战略决策流程发生了改变。

在这种情况下，以消费者为导向和持续学习能力就成为企业经营的核心环节。以前的决策，创始人会告诉团队该做什么，需要开拓什么样的市场。但现在不管是大企业还是中小企业，在做战略决策的过程中都转为以客户为导向或以消费者为导向。让客户来确定需求，让消费者来确定需求，这是把抽象的产品决策变成了一个个具体的商业场景和消费者场景。

因此，在市场已经证明空间巨大时，企业要能够在这个定向的领域中迅速组织资源，满足需求，这就是"在万亿确定需求领域调重兵"的基本含义。

在一些千亿公司中,需要通过储备人才来构建企业的核心能力,这种核心能力随时能够转化为企业在产品和服务领域的核心竞争力,同时能够向市场提供高品质的产品和服务。

企业的数据和智能运营网络在企业的整个体系中变得越来越重要。运营者不仅要将产品和服务营销出去,更重要的一点,他们需要变成信息节点,来为企业的战略决策和未来发展提供数据支持。这些一线的经营者理解消费市场正在发生的变化。创始人和企业的运营团队需要让一线的经营者参与决策,让他们来描述一个市场可能具有的潜在发展空间。从这样的决策流程可以看出,企业的经营管理模式已和原来完全不同了。

如果我们细心观察就会发现,市场上这种千亿公司,已经很难被产品本身定义,它们正在变成一种适应性组织。也就是说,哪一个市场出现了万亿空间,它们就有可能去挤占,它们可能会同时分布在一个或者几个万亿空间的产业当中。巨大的产业空间能够让这些千亿公司成长得更健康,发展得更长久,助力它们成为世界一流的企业。

现在千亿公司的运营已变得非常机动,处在高度灵活的环境中。这样的运营方式必然让企业走上数字化、智能化之路,否则企业的反应速度就会变得很慢。在这样动态的环境当中,企业需要给消费者提供优质的产品和服务,这样就不能仅依赖企业自己的独立能力,还需要构建遍布全球的供应链网络。对于供应链网络的控制能力和供应链本身的供应质量,决定了企业的生死。

什么样的商业元素是需要的?在确定性的需求被发掘出来的时候,企业往往需要在几个月或者一两年的时间内拿出成熟的产品和服务。企业的研发部门、生产部门、战略部门、财务部门需要完全形成一个流程化的组织,才能应对高度动荡的市场,满足消费者的需求。

将资源从一个万亿市场带到下一个万亿市场,是千亿公司的运作逻辑。

在这个过程中，千亿公司形成了自己的工作节奏，这种工作节奏的背后是整个体系性的支持系统，包括别人模仿不了的企业文化。这些千亿公司守住了恒定的东西，也就是价值创造系统，然后让一切去适应市场的变化，也就是凯文·凯利说的："一切都在生成，一切都在变化。"

对于真实的追求，是千亿公司与中小企业价值观的本质区别。中小企业之所以做不大，原因就是失去了对于"真实"的追求，创始人满足于自我陶醉，这是一种人格不成熟的表现。乔布斯说："一流的人才不需要我照顾他们的自尊心。"说的其实就是敢于面对自己和他人的真实能力，从来不欺骗自己，也不欺骗用户。在原则性的问题上，不脱离事物的属性，对就是对，错就是错，是非不应该给利益让路。如果做到了这一点，价值观领导者就不会出问题。

"在万亿确定需求领域调重兵"意味着千亿公司都是开门办企业。"调重兵"不是光做营销和研发，而是将整个企业的运作流程对准过去，创新只有对准了需求，才叫创新。做出市场无法替代的产品和服务，才是千亿公司应有的运作姿态。

7. 永远保持鲜活的经营热情

"斗争精神"和"杀出一条血路"，放在商业世界里也是一项指导原则。对抗和宣示明确的竞争对手，是一种将世界观简化的明晰打法，不敢和最强者对抗的人，没有激情。

在一些世界级企业的创始人的心智中，绝不会存在低级又无聊的想法，他们始终要做的，就是充满热情和激情地向世界最强者发起挑战。

管理学者拉姆·查兰将企业领导者的热情摆在了非常重要的位置，已故通用电气CEO杰克·韦尔奇也是将领导者的热情放在了中心位置。这些有持续内驱力的领导者，敢于"用50年改变世界"，这样的热情，便是企业成功的根本。

经营的热情，需要借助行动的力量来展现。"不敢竞争"则没有行动，"敢于竞争"才会采取行动。超强的行动力和永不言弃的努力，不仅会感动用户，也会震撼对手。在当代社会，商业消费不仅是在为功能买单，更主要的是在为一种精神力量买单。将企业的经营热情传递出去，是企业领导者和企业员工的工作内容。

企业文化可以激发出企业员工巨大的热情。在众多成功的企业案例中，由企业文化引领所迸发出的员工热情随处可见。它超越了组织的架构和规章制度，渗透每个员工的心灵深处，激发出他们对企业使命和愿景的认同。这种文化传承着企业的核心价值观和行为准则，引导着员工在各自的岗位上发挥最大潜力，共同创造出企业的辉煌成就。可以说，企业在发展为千亿公司的过程中，必然需要企业团队在极短的时间内做出极致的努力，这是几乎所有千亿公司都有过的经历。

在企业中，唯有文化才可以迸发出巨大的热情，千亿公司的管理者深谙其道，并且知道向最强者挑战的号角能够激发出顶级人才的征服热情。在每项顶尖事业中，团队中的工程师在自己的专项领域都能是排在全球前三位的人，这样的荣耀感，会激发人向更高峰攀登。

然而，一些国内中小企业，在这方面的认知往往相对欠缺，表现为过于注重经济效益的管理模式，忽视了企业文化建设的重要性，使得企业很难发展壮大。

企业文化虽然重要，但建立企业文化的过程并不简单，需要从领导层开始，逐步渗透整个组织中。领导者应该成为企业文化的倡导者和践行者，通过言传身教来引领员工树立正确的文化观念。同时，注重培养员工的归属感和认同感，让每个员工都能找到自己在企业中的价值和使命，从而形成共同的叙事框架。

千亿公司的企业文化构建往往都是成熟和成功的，因此，企业内员工往往都有巨大的内驱力，这种巨大的自我驱动力量，使得员工任何时候都保有初心和热情。这就是千亿公司的心智，它们瞄准人类最大的难题，知道增长趋势就在这些难题里。在经营上，它们努力改进服务系统，让一线的人也拥有一样的热情，用热情来打造用户的个性化体验，在这样的新需求里，开创百倍增量市场。

除此之外，千亿公司的热情还表现在对变革者的尊敬上。那些带头变革的人，需要一种容错机制来维护他们的热情，而这种容错机制，需要企业提供给他们，并对他们进行奖励。

在中国的千亿公司中，比较值得思考的运营模型是段永平的步步高体系。段永平在寻找投资人的过程中，永远都是选择那些有巨大内驱力和激情的企业经营者，他们都是具有企业家精神的人，会自己去寻找大空间的市场进行突破。

段永平选择微软，就是基于上述的原则和理念。微软的每一个战略产品，从 Windows 到 Word，都不是第一个开创出来的，但是微软有着巨大的经营热情，能够将每一个产品都做到市场和价值的最大化，从而让自己成为世界上数一数二的企业。

第二章
成为千亿公司的路径与方法

1. 水大鱼大，赛道决胜

螳螂虾是海洋里的一个奇迹，其打击猎物的速度世界第一，但只能用鳌锤敲死小鱼、小贝壳、小螃蟹它的这种外壳体结构，注定脱离不了昆虫的外骨骼结构，体格微小，不可能向最强者发起挑战。在千亿公司的眼里，螳螂虾属于一个"小强"，是角落里的冠军，和千亿公司追求又大又强又主流的市场领先地位不同。

正如自然界中存在各种生存之道的生物一样，商业世界也充满了不同类型的企业，并非所有企业都必须追求巨大的规模。俗话说："船小好掉头"，因此，小型企业在灵活性、创新性和快速决策方面往往具有优势，能够更快地适应市场变化和满足特定客户需求。同时，一些小企业也能够贴近客户，用温馨的服务与客户建立更紧密的关系。这是小企业的优势，但由于其很难整合为一个完整的生态链，因此也容易丧失定价权。

在企业竞争中，规模往往与竞争力息息相关。大型企业通常拥有更多的资源和资金，能够投入研发创新、市场推广和生产制造等领域，从而获得更高的生产效率和更大的市场份额。同时，规模经济也使得大型企业能够分摊固定成本，降低单位成本，提升竞争优势。

上面我们讲过了，螳螂虾这种体格微小的生物，在海洋中难以对抗体形更大、力量更强的生物。同样地，在商业世界中，小型企业也会因为规模小而难以和大企业竞争，通常面临诸多挑战，具体包括资源匮乏、影响力不足、竞争压力大等问题。

数字智能化时代的千亿公司，则是在追求"大象也能跳舞"的经营姿态。数字智能化给予了大企业这样的机会，数字化运营让大企业也有了发达的数字神经元，在进行沟通的时候，将整个组织压扁，变成一个相互联系的矩阵网络，大企业的每一个业务单元也可以变得轻盈起来。和以往金字塔式的管理结构不同，现在的千亿公司无不在数字领域做了投资，完善了自己的数字化运营系统，大企业的运营效能在各个经营单元的协同能力有超越小企业的趋势，因此，在当下，"独角兽"企业的发展方向也许是正确的。很多商业观察者认为大企业的时代过去了，但事实上，通过我们的观察发现，当下，一种新形态的智能化大企业正在卷土重来，在市场中改变游戏规则，实现赢家通吃。

让企业变得很大，依然是一种安全的选择。大企业主要在于扩张领地，即所谓的"外卷战略"，这是由企业的扩张本性所决定的，规模、质量和增长是检验经营成果的准绳，即在自己设定好的万亿市场里，找到自己的新位置。千亿公司，在我们看来，其实就相当于海洋中的虎鲸或者干脆叫虎鲸企业。我们知道，虎鲸不是生活在池塘里的物种，虎鲸猎杀的对象，既有鲨鱼，也有地球上最大的动物——鲸鱼，只有足够宽广的海洋才是虎鲸的栖息地。虎鲸不仅是地球上最为庞大的物种之一，同时也是最为聪明的物种之一。很多诞生于互联网时代的知识型企业，往往就具备了虎鲸的特质。

我们发现，达到千亿规模的公司，本质上都是信息智能化时代的受益者，互联网和基于大数据的管理，对于大企业有利，对于主流市场的经营者有利。这里有一个明显的特征，即在千亿公司里，数量和质量、规模和结构都很重要，这是虎鲸敢于向鲸鱼发起挑战的原因。基于互联网和大数据的企业管理模式，增强了大企业对于市场的快速反应能力，使得主流市场产品和品牌、市场份额向其集中。当下，这种模式大行其道，成就了越来越多的千亿公司。

在市场中，企业到底要进入万亿美元的市场赛道，还是进入只有百亿美元的市场赛道，这是选择问题。但人工智能产业、手机产业、互联网产业、新能源汽车产业、无人机产业等战略产业赛道，往往都是大企业的天下。

做企业，都是从有限的资源起步的，因此，企业家在创办企业之前，需要问几个基本问题：做什么产业？产业空间有多大？企业能在这个产业空间里创造什么样的成果？千亿公司对于战略赛道和战略产业的选择，到目前为止，都是多项选择题。对于千亿公司而言，核心竞争力和企业能力是根本，企业不再限于只做单个第一，而是将若干个第一组合为一个产业生态。产业生态就好比热带雨林，物种（企业）在生态里生生死死，但生态整体却越来越繁荣。

上面我们说了，在千亿公司所构建的供应链生态系统中，存在着诸多中小企业，它们组成了一个巨大的供应网络，为千亿公司提供全球最佳的零部件和垂直解决方案。这种网络型的运营模式，便是千亿公司的典型特征。

在与一些千亿公司创始人和团队的接触中，我们发现了一个规律，企业在创立之初都不是兴趣驱动，而是通过理性抉择选择了正确的赛道，进而将自己有限的资源投入其中，然后在运营过程中建立起使命驱动。

中小企业和单项冠军企业往往也有内驱能力，但这种内驱力往往来自创始团队的热爱和兴趣驱动。垂直精深是一种竞争策略，但垂直精深的企业只有在最高效能的生态里才能发挥最大的价值。比如，零部件企业如果能够进入华为的供应链，那么在资本市场中就会得到更多的价值认可，拥有更高的市值。

理性做第一的内在精神，往往会追求让世界变得不同，其价值观能够吸引世界级的人才和团队加入。在商业世界里，做成一个企业不是什么了不起的事情，但是想要做成一个富有使命、实现价值观驱动、战略管理、产融结合、最优资源组合以及代表人类拥有专门知识的企业，则往往需要杰出创始人的引领。由此可见，千亿公司必然拥有杰出的领导者。

2. 洞察未来，战略驱动

当下的企业经营环境，让很多有丰富传统经验的经营者感到迷惘。因此，我们需要逆向思维，就如已故的商业思想者查理·芒格所说："反着想，总是要反着想。"想要将事情做好，就需要思考怎么做会导致自己的企业快速破产，可以将所有负向行为清单列出来，然后告诉自己不能那么做。

规模代表了企业积累的资产能力和运营数据，但也有很多大而不强的企业，在市场变化的时候，就如软体动物一样脆弱，我们已经看到过这种知名企业的困境和破产，如一些房地产公司，由于其企业运营结构发生了问题，导致期房无法交付。

而说到企业洞察未来，主要讲的是对企业未来价值的洞察。企业对于其未来价值的洞察，不仅是企业持续发展的动力源泉，更是塑造企业独特竞争力的关键。

当我们谈到企业的"未来价值"时，实际上是在谈论一种基于"价值感"的思考方式，就像做简单的判断题，有价值就去做，没有价值就不做，对有巨大且长远价值的事情，现在就要行动起来。这种思考方式要求企业家不仅要有前瞻性的眼光，能够洞察市场的发展趋势，更要有一种对真实和价值的坚守。在这种思考方式下，企业家的每一个决策、每一个行动，都应该是基于对企业未来价值的深刻理解和把握。

这种基于"价值感"的思考方式并不是空中楼阁，它必须建立在真实的基础上。很多企业都将"求真"作为企业文化的训条，但真正做到这一点的却并不多。有的企业虽然口头上强调求真，但在实际操作中却往往因为种种原因而偏离了真实的轨道。这样的企业，其内部充斥着扭曲的信息，不仅无法构建出有效的洞察能力，更无法做出基于事实的决策。

企业管理的本质，其实就是基于事实做决策。只有当企业真正了解了市场的情况，才能做出符合市场规律的决策。如果企业获取的信息是扭曲的，那么基于这些信息做出的决策，在多数情况下都会是错误的。即使偶尔能够侥幸成功，获得成果的成本结构也会非常高昂，这对于企业的长期发展极为不利。

做正确的事情和一次性将事情做好，成为千亿公司追求的核心目标，这是方法论层面的路径思考。而要实现这一目标，就需要企业构建一种真实的文化，维系一个真诚的企业环境。在这种文化中，每个人都应该秉持求真的态度，勇于面对事实，敢于说出真话。只有这样，企业才能真正地了解市场、了解客户、了解自己，从而做出更加明智的决策。

同时，企业还需要建立一套求真的流程，将求真的理念贯穿企业经营的每一个环节。从市场调研到产品研发，从生产制造到销售服务，每一个环节都应该以真实为基础、以价值为导向。只有这样，企业才能在激烈的市场竞争中立于不败之地，才能在不断变化的市场环境中保持敏锐的洞察力，做出符合市场规律的决策，从而实现持续、健康的发展。

关于千亿公司的战略驱动模式，我们认为，数字化组织是千亿公司组织变革的主要方向，这其实内含了战略驱动的基本原则。数字化组织是新一代的企业管理组织形式，其核心基础是重新组织企业的信息流，让企业能够走上基于真实的变革转型之路。

千亿公司热衷于将自己打造成为数字化组织，这一转变的背后，是对真实力量的不懈追求以及对科层制管理模式可能导致的企业经营环境扭曲和分化的警觉。数字化战略和企业的洞察力在此过程中紧密结合，共同推动着企业的飞速发展。

企业的经营环境变得复杂，真真假假的信息如潮涌般袭来，数据已经成为企业决策的重要依据。然而，传统的科层制管理模式往往导致信息传递的延迟和失真，使得企业难以快速、准确地把握市场动态和客户需求。为了打破这种局限，这些企业开始寻求数字化转型，通过技术手段实现信息的快速流通和精准分析，从而获取真实的市场数据和客户反馈。

数字化组织的建立，使得千亿公司能够实时掌握销售终端的商品销售情况。比如，当一件商品在销售终端被售出时，相关信息会立即传输到决策者的屏幕上。这种快速反应的能力，使得企业能够迅速调整销售策略、优化库存管理、改进产品设计。总之，数字化组织带来的快速反应能力，使得千亿公司避开了真实信息被扭曲的环节，往往具备了比中小企业更有效的战略决策能力。比如，星巴克在全球卖出的每一杯咖啡，都会同步到决策中心的屏幕上，这样的信息收集和分析能力，对于星巴克整个运营决策产生了莫大的帮助。

由上可见，千亿公司的数字化组织管理能力，天然包含了战略驱动管理原则，令企业的战略决策能力更有效，从而更好地推动企业发展。

当然，企业的战略驱动能力和洞察力的培养，还需要企业管理者之间进行充分沟通，建立起一种信任机制，在数字化转型过程中注重人才培养和团队建设，确保员工能够熟练掌握数字化工具和技能，为企业的战略驱动力和洞察力提供系统支持。

3. 文化价值观引领和管理控局

一个人可以直接管理多少人？管理学者认为是 8 个人左右。千亿公司往往人员众多，动辄就上万人的规模，这向我们证明了这样一个不争的事实：现代大企业的管理结构，并非单纯基于创始人的个人视野，除非这位创始人拥有超越常人的智慧和能力，否则单凭一己之力，难以引领整个企业走向健康、持续的发展壮大之路。

当我们翻阅一些企业家的传记，时常会被书中描绘的创始人如何轻而易举地管理一家大型企业，带领企业成员走向成功的故事打动。然而，我们必须清醒地认识到，这些故事往往带有一定的粉饰色彩，在真实的商业环境中，创始人所承担的管理责任和管理难度远比我们想象的要复杂和深远。

事实上，一个真正的企业家或者说一个现代大型企业的创始人，其角色并非一个全能的战略家和决策者。相反，他应该是一个深思熟虑的构建主义者，专注于创造一个高效、灵活的组织结构，为企业的发展提供丰沃的土壤。在这个结构中，每个成员都能够充分发挥自己的专长，共同为企业的目标而努力。

为了实现企业的目标，企业创始人需要运用自己的智慧和洞察力，为企业制定清晰的文化价值观。这些价值观不仅应该反映企业的核心理念和愿景，更应该成为规范员工行为的准则。通过这种方式，创始人能够在不直接控制和管理人的前提下，让企业文化成为推动企业发展的强大动力。

对于一家拥有数千亿元资产的大企业而言，管理控局更是一项艰巨的任务。在这样的企业中，每一个决策都可能影响到整个企业的命运，因此，创始人是企业生命周期管理者，而不是具体事务的管理者，必须在整体性原则的基础上，引导员工从更高的视角看待问题。这意味着，无论人们处于企业的哪个层级，无论他们负责的工作多么细微，都应该从整体与局部、整体与环境的互动中理解和把握整体。

在思考问题时，千亿公司的高管们秉承的一贯原则是摒弃孤立、片面的思维方式，将事物看作一个由多个相互关联的部分组成的整体。只有这样，他们才能在复杂多变的市场环境中迅速捕捉到机遇，有效应对挑战。而要实现这一目标，就需要企业创始人发挥领导作用，不断推动企业的整体流动。这里的"流动"，不仅是指资金、信息等资源的流动，更是指企业内部的创新思维、协作精神等无形资产的流动。当这些资产在企业内部自由流动时，就能够激发出企业成员更多的创新点子，增强企业的凝聚力和竞争力。

文化价值观引领和管理控局，是大企业高管团队的连续作业。当我们深入探讨企业的核心驱动力时，不难发现，企业价值观在其中扮演着举足轻重的角色。段永平就是一个典型的企业价值观管理者，对于具体的业务形态，在其投资的企业几乎所有的决定权都在企业家手里，而他自己作为只会输出一些价值观和原则。再反过来看那些能够跻身千亿公司之列的巨头，更是将价值观视为企业行为的准绳和边界。

企业价值观并非空洞的口号或装饰性的标签，而是企业在长期发展过程中形成的、被全体员工认同并共同遵守的行为准则。这些准则，往往源于企业家的初心和愿景，通过一代又一代员工的传承和发扬，成为企业独特的文化基因。

在千亿公司中，价值观的作用更是被发挥得淋漓尽致。这些企业明白，只有坚守自己的价值观，才能在激烈的市场竞争中保持清醒的头脑和坚定的方向。因此，这些企业往往会将价值观融入每一项决策和行动中，确保行为与价值观保持一致。这也意味着，企业只会允许赚取与价值观相符合的钱。这种对价值观的坚守，不仅让企业在商业活动中更加自律和谨慎，也为企业赢得了社会的尊重和信任。

价值观的作用并不仅仅局限于此，它更是一种无形的力量，能够影响并限制企业中每一个人的行为。在千亿公司中，员工们往往能够清晰地感受到价值观的存在，并将其作为自己行为的指南。当员工们面临选择时，他们会自然而然地考虑自己的行为是否符合企业的价值观。这种自我约束和自律的精神，不仅让企业的管理更加高效和有序，也让员工们更加忠诚和敬业。

价值观管理并非直接参与企业的日常管理活动，它更多的是通过建立管理的边界和框架，来引导和规范员工的行为。在千亿公司中，这种边界和框架往往是通过制度体系和企业文化来实现的。制度体系为企业提供了明确的规则和流程，确保员工们能够在规定的范围内行事；而企业文化则通过传递价值观和行为准则，让员工们更加深入地理解和认同企业的核心价值观。

企业制度体系和企业文化相辅相成，两者缺一不可。假如在企业管理活动中，只依靠企业制度体系，而没有企业文化的引领，无疑会弊端丛生，而且企业也无法发展壮大。首先，真实的企业管理情境比制度文本要复杂得多，有很多制度管不到的混沌和模糊地带。很多制度都是事后奖惩制度，奖惩完成了，企业也丧失了活力。管理学者也强调，一家企业在倒闭之前，其制度体系往往也到了最完善的程度。其次，如果没有价值观的约束和引导，制度体系往往会变得空洞和无力。在没有价值观指引的情况下，员工们可能会为了个人利益而钻制度的空子，甚至采用明一套、暗一套的方式来应对企业的管理。这种行为不仅会让企业的管理陷入混乱和无效，更会让企业的形象和信誉受到严重损害。

对于千亿公司来说，建立深入精神层面的习惯模式至关重要。这意味着企业不仅要注重制度体系的建立和完善，更要注重企业文化的培育和传播。应通过不断地强调和传递企业的价值观和行为准则，让员工们真正地将这些准则融入自己的行为习惯。只有这样，企业才能在激烈的市场竞争中保持稳健和持续的发展。

4. 人才梯队驾驭千亿规模公司

理解了价值观管理和千亿公司组织的全局控制，我们才好谈千亿公司的组织能力是从哪里来的。据一些职场的坊间传说，在职场上不狠的人地位不稳，意思是说企业管理就是靠狠、靠骂人。但事实上，这是对于管理和统筹型人才的最大误解。如果层级压榨就能做成世界级企业，那千亿公司做起来也太容易了。实际上，企业管理尤其是千亿公司的管理活动，主要采用的是人才梯队的方式，即主要来源于企业领导者的自我管理和带领志同道合的团队一起工作。

千亿公司非常强调战略沟通会和价值观沟通会，总部领导会从一个国家飞到另一个国家，只为和当地的管理人员沟通，且沟通主要以企业价值观为引领。实际上，价值观就是创始人和高管的领导和管理方式。而且，企业还非常注重对员工的价值观教育和培训。通过定期的培训，员工们更加深入地理解和认同企业的价值观，并将其转化为自己的行为准则。这样不仅可以提高员工的自我约束和自律能力，还可以增强员工对企业的归属感和忠诚度。在价值观组织中，不断兜售领导力和影响力，才是领导者该干的事情。在人才梯队的顶端，人才培养人才，是和企业业务收入一样重要的事情。领导者的精力，50%都用在带人和培养人上。

我们知道，千亿公司是由上千个或者上万个不同的个人目标构成的矩阵网络。这么多目标需要同步，在执行过程中进行盯人管理，几乎是不可能的事情，故而价值观管理就成了千亿公司的法宝，可以建立管理的边界。传统观念认为，管理就是对员工的直接监督和指导，以确保各项工作按计划进行。然而，随着管理理论的不断发展，人们开始认识到，有效的管理不仅是指直接的管控，更多的是通过建立合理的机制和边界，让团队在自由的环境里实现高效运作。

理想的价值观管理建立在"慎独"的基础上，交通红绿灯上没有摄像头，路上没有行人，行车者也不会闯红灯，这就是价值观管理的意义和价值所在。这些价值观是企业在长期的发展过程中形成的，反映了企业的愿景、使命和核心竞争力。企业的战略方向、思维方式和行为模式都会告诉每一个人该如何展开自己的工作。因此，企业价值观管理并不是简单地告诉员工应该做什么，而是通过塑造一种文化氛围，让员工自觉地按照企业的价值观去行动。

管理学者拉姆·查兰一直和通用电器有着很好的合作关系，通用电器已故 CEO 杰克·韦尔奇评价他说："他有一种罕见的能力，能够从无意义的事情当中提炼出意义，并且以平静和有效的方式传递给他人。"

在价值观组织中，实现经济目标仅仅是工作的一部分，更多的工作其实是带人，企业扩张需要完整的人才团队，比如在上海培养出完整的团队梯队人才，可以派到武汉，实现人才集群的整体业务框架和系统的移动。在当今竞争激烈的商业环境中，企业要想实现长期、稳定的发展，人才梯队的建设尤为重要。人才梯队不仅是企业持续发展的基石，更是推动企业不断向前、不断创新的原动力。然而，仅提升不同层级人员的工作目标，并不能确保人才梯队的有效运作，更为关键的是需要为这个新的人才梯队构建一个全新的行为系统，以确保每个层级的员工都能按照既定的标准行动，共同推动企业目标的实现。

人才梯队不仅是一群人的集合，更是一个拥有共同目标的有机的整体，每个成员都在其中扮演着不可或缺的角色。共同的目标，就是推动企业持续成长、持续生存。为了实现这个目标，企业需要从不同层次、不同领域、不同岗位出发，设定具体、可行的工作目标。这些目标应该既符合企业的长期战略规划，又能激发员工的工作热情和积极性。为此，企业需要构建一个与这些目标相匹配的行为系统。这个行为系统应该包括员工的思维方式、行为习惯、工作态度等多个方面。只有当员工在行动中遵循这个系统时，才能确保他们的工作与企业的目标保持一致，从而实现企业的长远发展。

可见，构筑一个驾驭千亿规模企业的人才梯队需要3个要素：一群有活力的人才、匹配的目标和构建经营行为系统。千亿公司在表面上就是小团队的组合，千亿就是1000个1亿目标的结合，事实上，可能会有20%的团队完成了一半以上的目标或者更多的目标，那么这20%的人才团队就是输出行为系统的部门，这20%的人才就是优秀的人才。优秀的人才团队产生行为标准。

行为标准是员工行动的指南。企业需要结合企业的文化、价值观以及具体的工作目标来设定行为标准。这些标准应该具有可操作性和可衡量性，以便员工能够清晰地了解自己在工作中应该如何行动。同时，行为标准还应该具有一定的灵活性，以适应不同岗位、不同情境下的工作需求。

对于千亿公司的不同层级的管理者如何带人的问题，可以换一个角度看，一个世界级企业，其产生的价值系统有两个：一个是优质的产品和服务；另一个是不断为企业培养人才，对内构建人才梯队，同时，人才也会不断产生溢出效应，事实上，这家企业起到了"企业大学"的社会作用。

在后文中，我们将详细说明大企业如何进行人才梯队建设。事实上，在大企业的领导者眼里，盘点人才，让其发现自己的长处和核心能力，是非常重要的事情。人才比资本更重要，我们在评估千亿公司的时候，不仅要去看它们的营收，更主要的是看企业人才梯队的活力，这是看懂大企业的关键。

5. 资源生态整合

千亿公司在发展过程中，一个核心的运营战略方法论就是"行稳致远"，同时，还要避免落入"创新者的窘境"，这是一个多角平衡的游戏。在这样的逻辑里，资源生态整合是千亿公司的理想庇护所。

千亿公司资源生态整合背后的逻辑，在此需要讲清楚。资源生态与供应链网络相比有很多不同之处，资源生态整合，其实是一种与新价值共生的思维方式，其和吞并是两个不同的概念，两者在目标、方式和结果上也存在显著差异。

在商业领域，吞并通常指的是一个公司收购或合并另一个公司，通过扩大规模、增强实力或获取对方的资源，来增强自己在价值链上的地位。资源生态整合的目标是促进和完善复合生态系统中的能量、物质及信息流代谢过程的良性循环，确保生态机制的健全以及实现社会、经济、自然的协调发展和人与自然的和谐共生。这更多的是通过构建一个健康、完整、功能完善的生态系统，来实现可持续发展。这是一种将自然生态模式引入企业竞争的思维方式和运作模式，其更关注于生态系统的整体性和长期性，强调生态系统的自然规律和可持续性。

随着全球化的推进和信息技术的普及，市场竞争已经从单一的产品或服务竞争转变为生态系统的竞争。在这个时代，企业不再是孤立的个体，而是作为生态系统的一部分，与上下游企业、合作伙伴、客户等形成紧密的联系。因此，千亿公司需要通过资源生态整合，来构建和巩固自己的生态系统，从而获取更多的资源和优势。

颠覆性创新是市场中的一股强大力量，它能够打破现有的市场格局，为企业带来前所未有的机遇。不过，因为中小企业通常具有敏锐的市场洞察力和快速响应市场变化的能力，因此颠覆性创新往往来自它们。而千亿公司通过资源生态整合，恰可以将中小企业纳入其中，从而及时发现并吸收这些颠覆性的创新成果，将其转化为自己的竞争力。

具体而言，千亿公司可以通过投资、并购、合作等方式，与中小企业建立紧密的联系。这样，当中小企业开发出具有颠覆性的产品或技术时，千亿公司便可以迅速将其引入自己的生态系统，通过自身的资源和渠道优势，将颠覆性的产品或技术推广到更广泛的市场。同时，千亿公司还可以利用自身的品牌影响力，为中小企业提供品牌背书和市场支持，来促进双方的合作共赢。比如，马斯克和微软同时投资OpenAI，其实就是基于这样的一个逻辑。

除了吸收中小企业的颠覆性创新成果外，千亿公司还需要主动投资颠覆性技术。这些技术往往具有巨大的市场潜力和社会价值，能够为企业带来长期的竞争优势。通过投资颠覆性技术，千亿公司可以抢占技术制高点，引领市场趋势，从而在未来的市场竞争中占据有利地位。

在投资颠覆性技术时，千亿公司需要密切关注市场动态和技术发展趋势，积极寻找具有潜力的技术领域和项目。同时，还需要具备敏锐的市场洞察力和判断力，以做到准确判断项目的可行性和市场前景。此外，千亿公司还需要建立完善的投资机制和风险控制体系，确保投资的安全性和回报的可靠性。

在构建了完善的生态系统并吸收了颠覆性创新成果后，千亿公司需要将这些成果和技术应用到自己的生态系统中，让自己的生态圈获益。

通过在自己的生态系统中应用颠覆性成果和技术，千亿公司可以及时发现并解决生态系统中存在的问题和不足，从而不断完善和优化系统。这不仅可以提高生态系统的稳定性和可靠性，还可以为企业带来更好的用户体验和口碑效应。千亿公司可以吸引更多的合作伙伴和客户加入自己的生态系统。这些合作伙伴和客户可以为企业带来更多的资源和优势，从而进一步巩固企业的市场地位。此外，千亿公司还可以形成自己的技术壁垒和竞争优势。这些技术壁垒和竞争优势可以为企业带来长期的发展优势和利润回报，从而确保企业的持续成功。

在构建了完善的生态系统并应用了颠覆性的成果和技术后，千亿公司还需要依靠系统的实力来激发战略创新者的潜力。段永平说："好多成功的企业都是后面跟进的，开路先锋不好做。一方面自己开发全新的产品不容易；另一方面培育市场、教育消费者的过程是极其缓慢的，代价十分昂贵，以我们现有的实力，很难担负起这个使命。"

对于颠覆性技术的应用，千亿公司也表现出"狡猾"的一面，我们可以将之称为更好地把握周期的策略，即早期市场的试错让别人去做，自己负责摘果子。这大概就是"善战者无赫赫之功"的另一种表述。千亿公司的策略，就是吞噬市场中的颠覆性创新成果，如果吞噬不成，就会主动投资颠覆性技术，让颠覆性的系统在自己构建的生态圈中先跑起来，然后，用系统的实力来激发战略创新者的潜力。

6. 资本运营实现战略扩张

在竞争激烈的商业环境中，千亿公司无一不展现出其对金融战略的深刻理解和精心布局。这些企业深知，金融战略不仅是企业运营的坚实后盾，更是推动企业持续发展和战略扩张的核心动力。

华为作为一家非上市企业，凭借其独特的金融战略在业界独树一帜。华为的金融战略注重稳健性和长期性，以此来支持技术创新和全球扩张。华为虽然不直接参与资本市场，但其通过精细化的财务管理和资本运作，实现了内部资源的最大化利用。

华为注重内部融资，拥有强大的现金流和盈利能力，通过优化供应链管理、成本控制和资金管理，确保企业有充足的资金用于研发和市场拓展。华为的内部融资不仅降低了企业的财务成本，还增强了其自主性和灵活性。

此外，华为也善于利用外部资源。虽然不上市，但华为与各大金融机构都保持着紧密的合作关系，通过债务融资、供应链金融等方式，获得必要的资金支持。同时，华为还积极参与国际合作项目，与全球各地的合作伙伴共同开发新技术和新产品，实现资源的共享和互利共赢。

在资本运作方面，华为注重风险控制，建立了完善的财务风险管理体系，通过多元化投资和风险管理策略，降低财务风险。同时，华为还注重人才的培养和引进，打造了一支专业的金融团队，为其制定并实施金融战略提供有力支持。

随着市场竞争的日益激烈，企业的成长与转型变得越发复杂。对于那些已经成功跻身于千亿公司行列的巨头来说，资本运作不仅是企业日常运营的重要组成部分，更是企业进行资源战略平衡的关键手段。这些企业在业务运营上取得了巨大的成功，积累了庞大的资金池，然而，如何有效地利用这些资金来支持企业的战略发展，则成为摆在它们面前的一大难题。

从初创阶段到成为千亿公司，这个过程充满了无数的挑战和机遇。企业在不同的成长阶段需要面临不同的市场环境、竞争态势和内部资源条件。因此，企业需要在不断的试错和摸索中逐步积累起全周期战略管理的智慧。这种智慧不仅包括了对企业自身业务模式和盈利能力的深刻理解，还包括了对市场趋势、政策环境以及行业动态的敏锐洞察。

在千亿公司的成长过程中，资本运作发挥着至关重要的作用。出色的资本运作能够帮助企业在每一次转型升级的过程中抓住新的发展机遇，实现资源的优化配置。

在某些发展阶段，资本可以起到一种加速器的作用。在企业的良性扩张阶段，资本投入可以快速将市场成果扩大化，布局全球市场，实现对市场的覆盖，获得市场地位。一切取决于企业内部和外部资源的组合速度，如果资本效率够高，事实上就有了占据先机的战略能力。

融资策略是资本运作的重要方面。对于千亿公司来说，合理的融资策略不仅能够满足企业日常运营的资金需求，还能够为企业的战略发展提供充足的资金支持。企业可以通过股权融资、债权融资、混合融资等多种方式筹集资金，并根据自身的实际情况和市场环境选择合适的融资方式。同时，企业还需要关注融资成本、融资期限以及融资结构等因素，确保融资策略的有效性和可持续性。在上市企业中，根据企业的招股和增发说明，投资者将资本投向企业，往往就是和企业形成同盟，起到一起放大企业运营成果的作用。

企业为了构建下一代核心竞争力，会下重注去完成一些企业的收购，如并购重组就是企业资本运作的另一种重要形式。通过并购重组，企业可以快速获取目标企业的市场份额、技术专利、品牌资源等优质资产，实现自身规模的快速扩张。同时，并购重组还能够带来协同效应，提高企业的整体运营效率和盈利能力。但并购重组也面临着巨大的风险和挑战，需要企业具备丰富的并购经验和专业的团队来支持这一行为。

对于增强核心竞争力的投资和企业内部增强核心能力是两股绳，需要拧在一起，两者都属于战略投资的范畴。战略投资是千亿公司实现资本运作的重要手段之一。通过对影响企业前途的关键因素进行深入研究和分析，企业可以制订出符合自身发展战略的投资计划。这些投资计划通常涉及产业链上下游的整合、新兴市场的开拓、创新技术的研发等领域。通过战略投资，企业不仅能够实现资源的优化配置，还能够为自身的长期发展打下坚实的基础。

在资本运作的过程中，风险管理是不可或缺的一环，千亿公司需要建立完善的风险管理体系对各类风险进行识别和评估，并采取相应的措施进行防范和应对。这些风险可能来自市场风险、信用风险、流动性风险等多个方面。通过有效的风险管理，企业可以降低资本运作过程中的不确定性因素，确保企业的稳健发展。

  回到华为案例，华为的金融战略体现了其稳健、长期和创新的特点。通过精细化的财务管理、多元化的融资渠道和严格的风险控制，华为确保了其资金的充足和稳定，为其技术创新和全球扩张提供了有力保障。这提示企业，在制定金融战略时，应注重稳健性、长期性和创新性，以支持企业的持续发展和战略扩张。总之，华为的资本运作是出色的，是其他大企业可以借鉴的解决方案。

第三章

万亿赛道，千亿公司

1. 世界"独角兽"和"十角兽"地图

"独角兽"企业不仅代表了新兴产业的崛起，也反映了全球创新生态的活跃程度。事实上，在创投领域，"小巨人""独角兽""十角兽""百角兽"企业一直受到财经领域的高度关注，这些企业往往在短期之内，就有了百亿美元或者千亿美元的市值，在一轮又一轮的战略投资下，不断刷新纪录。而让观察者感到惊奇的事情就是，在这些"独角兽"企业的身上，人们看到了财富和资源的流动性，无论是个人，还是千亿公司，都想在这种流动性和增长性里获得战略回报机会。

"独角兽"企业是指估值超过 10 亿美元的初创公司，而"十角兽"企业的估值则超过 100 亿美元，"百角兽"企业的估值更是超过 1000 亿美元。在我们看来，这些企业都是拥有千亿公司基因的"宝宝企业"，这些企业在具体的垂直市场，拥有一定的地位，且创新能力很强，其竞争能力已经强大到让那些全球领先的大企业不得不与之合作。

当我们深入探究当今的商业环境时，不难发现一个引人注目的现象："独角兽"企业的崛起。这些企业在短短几年内，就能凭借其独特的商业模式和强大的市场潜力，迅速成长为行业内的佼佼者。然而，当我们仔细研究这些企业的背景和起源时，会发现一个共同的特点——它们的人才资源往往都是千亿公司人才资源外溢的产物。

我们来看看这些"独角兽"企业的创始团队。他们中的许多人都曾在大型企业中担任要职，积累了丰富的工作经验和管理能力。然而，他们并没有满足于在现有的体系中发展，而是选择了离开，独立创办企业。这种精神，正是企业家精神的体现。他们敢于冒险，勇于挑战，最终在新兴领域中崭露头角，创造了属于自己的商业奇迹。

那么，这些外溢人才是如何形成的呢？其实，这与大型企业的人才梯队建设密切相关。大型企业通常拥有完善的人才选拔和培养机制，能够吸引和留住一大批优秀的人才。这些离开的人才，往往具备丰富的经验和能力，学会了构建系统和基于价值观的管理，因此，他们一旦选择独立创业，就有可能成为"独角兽"企业的创始人。

举例来说，深圳汇川技术创始人朱兴明就是这样一位企业家，其公司聚焦于工业领域的自动化、数字化、智能化，专注于工业自动化控制产品的研发、生产和销售，定位服务于高端设备制造商。这家公司也是中国工业自动化领域的领军企业之一，拥有深厚的技术研发背景，每年都会将10%的营业收入用于产品研发，其市值达到了千亿规模，产品和服务网络也具备全球竞争力。这样的企业，往往代表了典型的千亿公司的发展路径。在工业自动化领域、工业互联网和智能制造供应链之中，有着几万亿的产业空间增长潜力，这样的产业空间对于汇川技术这样的企业而言，刚好可以使其成为产业巨人，实现崛起。

从社会经济的视角来看，一个"独角兽"企业辈出的地方，往往代表了这个经济区域中的经济活力。"独角兽"企业的成长需要大量的资金支持，而创投资本则是其重要的资金来源。在"独角兽"企业辈出的地方，往往有大量的创投资本聚集，来为这些企业提供充足的资金支持。除了资金支持外，"独角兽"企业还需要专业的投后管理团队来帮助其成长。这些团队通常具备丰富的经验和能力，能够为企业提供战略规划、市场分析、人才招聘等方面的支持。在"独角兽"企业辈出的地方，往往有专业的投后管理团队聚集，来为这些企业提供强大的后盾。硅谷有很多世界级的投资人，他们是"独角兽"企业的伯乐，杰出的创业团队在早期就被他们发现，并且会被拉入一个高价值的经济网络。

"独角兽"企业往往具备独特的技术优势，而这些技术的来源则是多方面的。在"独角兽"企业辈出的地方，往往有大量的科研机构、高校和科技企业聚集，这能为企业提供丰富的技术资源。这些组织不仅可以为企业提供技术支持，还可以帮助企业引进和培养人才，以增强企业的创新能力。除了创始团队外，"独角兽"企业还需要大量的优秀人才来支持其业务发展。在"独角兽"企业辈出的地方，往往有丰富的人才资源聚集，包括优秀的工程师、产品经理、市场营销人员等。这些人才不仅具备丰富的经验和能力，还具备高度的创新精神和团队协作精神，可以为企业的发展提供有力的保障。

"独角兽"企业往往需要与本土市场和供应链进行紧密的合作，以实现其业务目标。在"独角兽"企业辈出的地方，往往有完善的本土市场和供应链配套资源，来为企业提供便捷的合作机会和优质的服务支持。这些资源不仅可以降低企业的运营成本，还可以提高企业的市场竞争力。

接下来，我们去看一下"独角兽"企业在全球的分布情况。由于本书是研究千亿公司生命全周期运营战略和规律的，因此，我们的视角在分析"独角兽"企业的时候，可以将"独角兽"企业作为千亿公司的导入期和发展期来看待。

其实，从全球来看，"独角兽"企业是稀缺的，根据相关统计数据，全球"独角兽"企业数量已超过1200家，总估值高达数十万亿美元。这虽然听起来很多，但相对于全球的企业数量，"独角兽"企业可谓凤毛麟角了。

从地域分布来看，美国和中国无疑是"独角兽"企业的两大摇篮。根据胡润研究院发布的《2024全球"独角兽"榜》以及《中国"独角兽"企业发展报告（2024年）》等相关报告，美国和中国的"独角兽"企业数量在全球范围内最多。美国拥有703家"独角兽"企业，占全球总数的近一半（约48%），领跑全球。中国拥有"独角兽"企业数量达369家（另一报告数据为375家），位居全球第二，超过全球"独角兽"企业数量的1/4。此外，印度、英国、德国等国家也拥有一定数量的"独角兽"企业，但与美国和中国相比仍有较大差距。

从城市分布来看,旧金山、北京、上海、深圳等城市是全球"独角兽"企业的主要聚集地。中国"独角兽"企业主要分布在北京、上海、深圳、杭州等城市。其中,北京以114家的数量位居全国首位,上海和深圳也拥有较多的"独角兽"企业。这些城市拥有的较为完善的创新生态和创业资源,为"独角兽"企业的成长提供了有力支持。美国硅谷(旧金山地区)是美国"独角兽"企业的主要聚集地,拥有大量高科技企业和创新资源。此外,纽约、波士顿等城市也拥有一定数量的"独角兽"企业。

这些城市不仅拥有雄厚的科技实力,还具备完善的创新生态和丰富的创业资源,其创投资本丰富,投后管理能力强,技术资源丰富,人才资源丰富,本土市场和供应链配套资源完善,为"独角兽"企业的成长提供了有力支持。

2. 中国千亿公司的赛道演义

在分析中国千亿公司的发展赛道演义和逻辑的时候,我们无法单独进行描述,因此引入了美国千亿公司和"独角兽"企业进行对比分析,这是对于模糊系统的基本认知方法。

中国市场是一个完整的大市场,制造业价值链完整,拥有全球工业35%的产能,普通的日用商品在中国是过剩的,这是中国市场的基本现实,如何破局是个问题。同时,很多复杂需求和高端服务业是稀缺的,有些问题就摆在那里,但是企业界并没有投入足够的资源去解决困难问题,这一方面是因为全球市场有一些霸主企业,另一方面是因为创业者对于挑战尖端领域和在主流高端市场竞争的信心不足。

在数字化时代，初创企业如何在襁褓里快速生长，出来就能够迎战市场之中的大佬？事实上，"独角兽"企业是作为下一代巨型企业的好苗子，但从企业的生长来看，即使是好苗子，在中途夭折的可能性也非常高，因此，这里有一个基础问题就自然而然地出来了：如何让"独角兽"企业能够在一个相对安全的环境之中长大？

当我们深入探讨企业发展的生态环境时，不得不提的是，不同类型的企业在其成长阶段所需的环境与资源是截然不同的。特别是对于那些简单跟随型、赚点钱养家的小企业来说，它们并不需要一个完善的、经过精心安排的生长环境。相反，有时候，一种"野蛮生长"的方式反而更有助于它们迅速扎根，这种生长方式看似无序，却蕴含着一定的活力，仿佛野草生长一般。

小企业之所以能够在初创阶段采用这种生长方式，在于这种方式拥有一种独特的灵活性，能够使小企业迅速适应市场的变化，并灵活调整自己的战术。这种灵活性使得小企业在面对竞争压力时，能够找到属于自己的极小生存空间。由于小企业的规模相对较小，它们在资源获取和配置上几乎没有什么要求，运行成本比较低。

而对于"独角兽"企业、大企业和超大企业来说，情况就完全不同了。这些企业由于规模庞大、结构复杂，往往需要一个稳定、完善的生长环境来支撑其持续发展。搭建这样的系统结构需要耗费大量的资源，包括人力、物力、财力等。在这个过程中，企业需要不断投入资金进行研发、生产、销售等各个环节的建设。由于系统结构的复杂性，企业在运营过程中还需要面对各种风险和挑战。因此，在没有形成足够盈利能力之前，"独角兽"企业和大企业的生存状态都是脆弱的。

为了应对这种脆弱性，"独角兽"企业在早期阶段需要一种战略掩护。这种战略掩护可以来自政府的政策支持、大企业成熟生态的协助、资本市场的支持等。通过这些外部力量的支持，"独角兽"企业可以在相对安全的环境下进行系统的搭建和运营，这时企业最怕的事情，就是在排兵布阵的时候，被别人通过激烈竞争淘汰掉；同时，企业内部也需要进行精细化管理，优化资源配置，提高运营效率，以增强自身的竞争力和盈利能力，越早盈利越安全。

""独角兽""企业一旦出生就在明处，被"围剿"是一种必然的阶段，这些企业通常具有极高的市场估值和强大的创新能力，是一个国家产业升级和经济发展的重要推动力量。然而，由于它们过于引人注目，往往也成了一些"猛兽"的猎物。如果一个国家的"独角兽"企业被这些"猛兽"吃掉了，那么这个国家的产业未来也将面临巨大的挑战。

我们可以看到，不同类型的企业在其成长阶段所需的环境和资源是不同的。小企业可以通过"野蛮生长"的方式春风吹又生，而大企业和超大企业则需要一个稳定、完善的生长环境来支撑其持续发展。在这个过程中，政府、大企业生态战略投资、资本市场等外部力量需要为大企业提供必要的战略掩护和支持，以帮助企业度过早期阶段的脆弱期。同时，企业也需要加强内部管理，提高运营效率，以应对外部的挑战和竞争。

因此，政府是"独角兽"企业的庇护者，这不是一句轻淡的话语。政府对企业进行支持和政策引导，同时又保持距离，放手让企业家去做，这就是千亿公司摇篮的构建方法。提供一个"独角兽"企业生长的环境，确实是很多政府已经在做的事情。政府在"独角兽"企业的成长过程中也发挥了重要作用。中美两国出台了一系列政策来鼓励创业创新和扶持"独角兽"企业发展。这些政策涵盖了税收优惠、资金支持、人才引进等多个方面，为"独角兽"企业的成长提供了有力保障。

事实上，中国和美国"独角兽"企业的核心逻辑都是相同的，只是地理布局不同罢了。许多美国"独角兽"企业都具有较高的国际化程度，不仅在美国本土市场取得了成功，还积极拓展海外市场。中国的"独角兽"企业融合了国际资本和国内资本，从一开始，其基因也是全球化的。美国

"独角兽"企业普遍以技术为核心驱动力，通过不断研发和应用新技术，推动企业的快速发展。事实上，中国新晋"独角兽"企业之中，技术驱动型企业已经成为主流，和前一代"独角兽"企业相比，前一代商业模式制胜的比例更高。中美两国"独角兽"企业都善于搭建人才梯队，具有完善的创新生态。除了科技创新实力外，完善的创新生态也是"独角兽"企业成长的重要因素。美国和中国在创业孵化、风险投资、人才培养等方面均形成了较为完善的创新生态。

这些生态体系为初创企业提供了从创意到产品、从融资到上市的全链条支持，从而降低了创业门槛和风险，促进了"独角兽"企业的不断涌现。这些企业注重创新，不断在产品和服务上进行创新和改进，以满足市场需求和客户期望。"独角兽"企业的成功往往离不开对市场需求的深刻洞察和商业模式的创新，中美两国都是全球最大的需求市场之一，可以进行市场测试。在全球经济快速发展的背景下，新技术、新业态不断涌现，为消费者带来了更多元化、个性化的需求。"独角兽"企业正是通过不断创新商业模式、满足市场需求，实现了快速成长。

关于赛道选择的问题，中美两国"独角兽"企业的发展领域几乎是趋同的，都是奔着下一次工业革命去的。比如，人工智能是下一代产业革命的核心领域，可以赋能所有产业，会颠覆现实中的产业。

3. 千亿公司的中国模式：城市孵化器

中国常州，被外界称为"新能源之都"，其在新能源基础材料、动力电池领域做了若干前瞻性的布局，构建了新能源领域全要素产业链资源聚集集群。政府作为整个产业链资源的支持者，主动入局，创造了"城市孵化器"模式，在全球战略产业孵化体系之中，做出了战略引领。

在常州，由于全产业链的架构支撑，企业家和企业、产业资本、全球科学家基础成果工程化进程、产业园区等依托政府的跨界平台，主动集成面向用户市场展开应用，坚持用户决定市场，形成了年产值近3000亿元的市场规模。在新能源领域，常州先后孵化上市企业近20家。在这些成果面前，常州的主要成就在于，以城市的战略发展为目标，选择全球主流产业赛道进行长期布局，实现整个价值链要素的快速配置，服务型政府和企业家创新价值结合，走出了一条不同于硅谷，但同样有效的"独角兽"企业的孵化模式。这是值得借鉴的中国千亿公司的摇篮模式。

能源是社会经济发展的根基，新能源科技是一个拥有数万亿美元支撑的赛道，这是下一次产业革命的制高点之一，一些"独角兽"企业将在这些领域诞生，光伏技术工程、风能技术工程、储能技术工程、核电技术工程形成了新能源科技发展的格局。常州在新能源赛道产业端做了更多的布局，放在全球来看，也是一种高明的选择。

常州将自己定位为新能源科技研究的领军城市，并对新能源科技产业链上的基础材料进行了广泛的布局，如石墨烯及其产业链，就是这个城市面向新能源的主导应用之一。

举例来说，常州在石墨烯和新能源技术方面做了大量工作，包括全产业链构建、孵化载体体系建设、公共服务配套建设、人才引进与企业集聚、创新平台与研发机构建设以及政策扶持与资金支持等。这些工作共同推动了常州石墨烯产业和新能源技术的快速发展。常州致力于构建集石墨烯设备研发、原料制备与应用研究、产品生产、下游应用为一体的全产业链。这种全产业链的布局有助于实现石墨烯产业的上下游协同发展，提高产业的整体竞争力。常州还建成了专业的国家级孵化器、众创空间和完善的公共服务配套。这些服务配套包括研发设计、创业孵化、检验检测、标准制定、产品认证、知识产权、信息情报、市场推广、投资融资等，为石墨烯产业的发展提供了全方位的支持。截至2022年年底，常州已经陆续引进石墨烯相关人才团队40多个，集聚了石墨烯相关企业180多家。这些人才和企业的引入，为常州石墨烯产业的发展注入了强大的动力。常州还建设了江苏省石墨烯创新中心、常州大学碳材料研究院、南京工业大学西太湖产业学院等一批新型研发平台。这些平台在石墨烯的研发、应用和推广方面发挥着重要作用，推动了常州石墨烯产业的创新发展。

上文所叙述的，其实都是常州在产业赛道中的作为，这些作为综合到一起，就构成了一个完整的产业生态，在实践之中，万亿元产值，数万亿元市值的商业成果已经可期。赛道战略优势一旦成型，别的城市就很难进行追赶，因为综合优势能够带来更多的优势，且产业集聚与龙头带动模式已经形成。举例来说，以中创新航、蜂巢能源等动力电池头部企业为代表，常州形成了新能源动力电池产业的集聚效应。这些企业在全球动力电池装机量中名列前茅，带动了上下游产业链的发展，形成了完整的动力电池产业链。企业集群和比亚迪、理想、宁德时代等新能源汽车领军者企业进行了深度合作，作为基础材料和关键部件供应链的一部分，共同构建了世界级的产业竞争能力。

如果你将常州的新能源产业做一个横比，就会发现城市在构建营商环境和布局战略产业领域的优势，比单独企业的努力更加有效。以整个城市规模来构建营商环境和布局战略产业是一种基于城市的综合创新工程，它将城市的资源聚集起来，并站在构建全球竞争力的视角进行布局。对于一些风险比较大的基础研发，在这种模式下可以通过城市资金补贴、税收优惠的方式，引导企业向产业难题发起冲锋。而一旦成果落地，政府就从这些体系之中退出，让企业在市场之中担任主角，建立基于战略客户和应用市场的精细协作网络。

常州锂源作为新能源材料领域的佼佼者，通过不断的技术创新和研发投入，成功开发出新一代高性能、高安全性的磷酸锰铁锂材料。这一技术突破为新能源行业提供了更为优质、可靠的正极材料解决方案，推动了锂电池技术的进步和电池性能的提升。其发展的历程，就是以企业为主体的产学研一体化的资源汇聚的过程。

动力储能技术是世界级难题，在这方面，常州积极参与国家储能工程。金坛盐穴压缩空气储能国家试验示范项目作为世界首座非补燃压缩空气储能电站，实现了电一电转换效率达到60%，并具备快速启动和连续发电的能力。这一项目不仅实现了零碳排放，还推动了新型储能技术的商业化应用。除了这些面向分布式能源构建的储能设施，常州还在努力构建更加完善的新能源储能体系，这是面向未来能源格局进行配套的基础工程。

低空经济是高质量发展的重要内容，也是国家政策支持的新质生产力，面向未来，常州将低空经济纳入城市的产业体系，正推动着产业集群聚集。对上万亿产业的低空经济进行前瞻性布局，常州制订了行动方案，在短期规划当中，力争集聚产业链相关企业150家，其中高新技术企业超过50家，产业规模超过300亿元，通过政府牵头攻克一批低空领域关键卡脖子技术。在制订了行动方案之后，常州立即开始行动，在低空经济领域，新增科技创新和公共服务机构5家以上，以应用场景为指导，开展低空领域民用无人驾驶试点示范，培育10个以上具备示范效应的创新应用场景，规划开通低空航线18条以上。这些规划，推动和城市新能源新材料、高端装备制造等优势产业的结合，是一个优势叠加的过程，有力地增强了城市的发展竞争力。

如果说斯坦福大学为硅谷的发展提供了初始的产业研发环境，人才和风险资本的聚集带动了若干世界级企业的崛起，那么在常州，政府作为城市孵化器的主要参与者之一，对于新能源科技赛道的布局，创造了社会经济资源的整合价值。对于一些城市的发展模式，常州新能源模式具有借鉴性，相信"城市孵化器"模式会在更多的城市得以深入，并带动一批千亿公司的崛起。

4. 新一代技术带来的战略机遇

一个主动布局下一代技术的"独角兽"企业，其实在出发之前就应该想好，这不是和业界大佬们在抢"鸡爪"，而是在抢"鸡腿"。因此，其很容易在没有成长起来之前，就进入决战的战场。把握技术是一个硬性要求，只有持续发力才能够做好，但把握战略机遇，则需要迂回而行。企业可以做一个商业价值创新主义者，但不能做技术主义者。

关于"独角兽"企业和千亿公司如何把握下一代技术带来的产业革命机遇，有一个很重要的平衡体系：技术革命与用户体验并重，且要贯穿整个商业过程。这就是千亿公司的创始者在赛道选择之前，需要做的双重考量。

我们承认技术系统的重要性，这是宏观视角，在微观管理领域，创始人和团队要确保把握战略机遇的是自己，这是从产业全周期出发的思考，也是对于大企业创始人的一句忠告。

从人工智能到区块链，从云计算到物联网，每一项技术的突破都似乎在预示着新时代的到来。然而，正如知名管理学者拉姆·查兰所言："技术固然重要，但技术服务的终极对象是每位活生生的客户。"这句话如同一道闪电，划破了技术繁荣背后的迷雾，为我们揭示了一个简单却深邃的真理：在追逐技术革新的同时，我们不应忘记技术的最终归宿——服务用户。

对于企业家，尤其是那些致力战略科技赛道的企业家而言，这句话更是一种警醒。他们站在时代的潮头，手握技术革命的钥匙，拥有改变世界的力量。然而，这种力量并非无条件的，它需要在满足用户需求、创造用户价值的过程中得到充分的释放。新一代的技术革命无疑为企业家们带来了前所未有的机遇，但同时也带来了前所未有的挑战。

技术革命带来的机遇是显而易见的。随着技术的不断进步，新的产业形态、新的商业模式不断涌现，为企业家提供了广阔的创新空间。一些旧有的产业形态在技术的冲击下逐渐衰落，而新的产业形态则如雨后春笋般崛起。这种变革为企业家带来了巨量的财富和无限的可能性。然而，这种机遇并非唾手可得，它需要企业家具备敏锐的洞察力、果敢的决策力和卓越的执行力。

技术公司这个路径是一条无尽的苦行道路，技术的更新换代速度极快，企业家需要时刻保持对新技术的学习和掌握，否则就很容易被时代淘汰。领先者如何进行市场推广是个大问题，早一步就成了市场教育者，技术的普及和应用需要一定的时间和成本，企业家需要投入大量的资源和精力来推动技术的发展和应用。科技企业的创始人知道，技术系统要变成完整的基于用户的解决方案并非易事，它需要企业家深入了解用户需求、挖掘用户痛点、提供切实可行的解决方案。

在这个过程中，技术主义者的教训值得我们深思。一些企业家过分沉迷于技术的创新和突破，而忽视了用户的需求和体验。他们投入大量的人力、物力和财力来研发新技术、新产品，却无法将这些技术转化为实际的用户价值。这种"技术至上"的思维模式不仅导致了资源的浪费和效率的低下，更让企业失去了用户的信任和支持。深圳有一家科技企业，就是因为犯了上述错误，导致了百亿元资金被烧空。虽然技术专利有一堆，但没有找到对应的足够大的应用场景，企业正面临破产的境地。

对于"独角兽"企业而言，如何在技术革命中把握机遇、应对挑战，实现技术与用户的完美结合，成为一个亟待解决的问题。

作为企业战略决策系统的最终决断者，企业家需要树立正确的技术观念，技术工程师需要转变为经营者的思维。技术不是目的而是手段，它的最终目的是服务用户、创造价值。因此，企业家在追求技术创新的同时，不能忽视用户的需求和体验。

企业家需要深入了解用户需求和痛点。只有真正了解用户的需求和痛点，才能提供切实可行的解决方案，并赢得用户的信任和支持。在面对没有被验证的新市场和新技术的时候，将一切交给客户，在小规模的应用场景中测试，比企业闭门谈市场更加重要。市场验证，先有实践后有理论，这个道理是很多企业用真金白银换来的。企业家需要注重技术的实际应用和落地，技术只有在实际应用中才能发挥其最大的价值。因此，企业家需要注重技术的推广和应用，并不断优化和改进技术方案，以满足用户不断变化的需求。

新一代技术带来的战略机遇，仍然需要千亿公司的创始人和团队仔细分辨。企业在领先的过程中，有一个战略陷阱就是爬错科技树。在技术领域，日本在模拟电子技术的精进路线就爬错了科技树，错过了早期的整体数字化转型机会，从而对日本家电业品牌造成了巨大的损失。同时，技术进步也是要看标准的，日本在氢能汽车领域投入了巨大的人力物力，拿到了全球三成到四成的技术专利，形成了自己的专利池，等待收全球化标准输出的钱，但中国、美国和欧洲都避开了主流市场使用氢能汽车的技术体系，这对于日本来说，几十年的技术预研和全球主要市场就分离了。

"一流的企业做标准"，这是全球大企业的战略布局，对于千亿公司来说，这其实是另外一个重要的战场。谁将下一代技术率先在市场之中铺开，谁就拥有标准定义权，后来者就只能在其技术标准下开发市场。

5. 基于洞察力的战略赛道选择

对于千亿公司而言，战略赛道的选择是至关重要的，但这些企业能够选择的战略赛道其实并不多，人类几次工业革命都有典型的工业产业门类作为社会经济的基础产业。比如，第一次工业革命，蒸汽机动力带动纺织业和海运发展；第二次工业革命基于电气产业和内燃机产业的发展；第三次产业革命基于电脑和互联网的发展；第四次工业革命基于以人工智能为基座的数字智能化社会的发展。现在和未来10年，人工智能渗透所有具体的产业场景已经是全球大企业的战略要地。

观察中国"独角兽"企业的产业分布就会发现，随着人工智能技术的快速发展，中国在这一领域涌现出了众多"独角兽"企业。这些企业利用人工智能技术，正在为各行各业提供智能化解决方案，推动产业升级和转型。新能源行业是中国"独角兽"企业的另一个重要领域。中国医疗健康领域的"独角兽"企业数量也在不断增加。这些企业通过创新技术和业务模式，为医疗行业带来了变革，并提高了医疗服务质量和效率。金融科技是中国"独角兽"企业的另一个重要方向。这些企业利用大数据、云计算、区块链等先进技术，为金融行业提供了创新服务，推动了金融行业的数字化转型。产业互联网是中国具有优势的领域，中国有庞大的工业制造业的场景，需要实现智能制造，这些领域都是战略赛道，每一个主赛道和细分赛道，都具有巨大的面向未来的发展机会。

在当下的商业环境中，资本更倾向于投入那些具有巨大增长潜力的市场和产业。这种偏好，恰如滚雪球模型所揭示的，关键在于寻找那长坡厚雪之地，以便雪球在滚动中积累更多的雪，最终变得庞大无比。这里的

"长坡"代表着持久且广阔的市场需求,"厚雪"则象征着巨大的利润空间和丰富的增长机会。

在各个产业赛道之中,数字智能化基础设施的建设显得尤为重要。这类基础设施不仅为各类应用提供了强大的技术支撑,更是推动整个社会向更高效、更便捷、更智能方向发展的关键力量。因此,那些能够提供这类基础设施的企业,自然而然地成为我们这个时代的主导者。

对于规模达到千亿级别的公司而言,它们所追求的目标绝不仅仅是短期的盈利或是市场份额的扩大。它们更加注重的是如何在增量巨大的产业空间中找到自己的一席之地,并持续保持领先。这样的产业空间,就像是一片广阔的垂直领域,其中蕴藏着无数的商机和可能。而千亿公司要想在这样的环境中脱颖而出,就必须具备自己独特的基础能力和核心竞争力。

在未来产业场景和消费场景的演变中,洞察能力的重要性日益凸显。这不仅是对市场趋势的敏锐捕捉,更是对企业未来发展战略的深刻理解和精准把握。一些千亿级别的企业已经深刻认识到了这一点,并将洞察行为提升为一种核心管理行为,使之成为推动企业不断前进的强大动力。

在这些大型企业里,洞察已经不仅是对外部市场的简单观察,还是一种系统性、深入性的分析和研判。它们建立了独特的沟通流程,通过这些流程,它们能够与不同领域、不同背景的人进行战略沟通。这种沟通不限于企业内部人员,还包括与合作伙伴、行业专家、消费者等外部利益相关者的交流。通过这种广泛的沟通,企业能够获取更为全面、多元的信息,从而为洞察提供更为丰富的素材。

在获取足够的信息后,企业会进行深度研讨和批驳。这种研讨和批驳并非简单的讨论或辩论,而是一种系统性的分析和评估。企业会组织专门的团队,对收集到的信息进行整理、分析和归纳,找出其中的规律、趋势和机会。同时,企业也会邀请内部和外部的专家进行评审和批驳,以确保洞察的准确性和前瞻性,这也是每一年千亿公司都要花费大量咨询费的一个原因。这种深度研讨和批驳的过程，能够帮助企业形成更为准确、全面的判断，从而为企业未来的发展提供有力的支持。

在深度研讨和批驳的基础上，一些千亿公司成立了私董会。在企业里要注重和谐，不能进行过于严厉的批评，但在核心团队和外部私董成员组成的辅助决策机构里，会有话直说，直到获得清晰的认知和行动路径。一些千亿公司还建立了蓝军机制。蓝军是一种模拟对手或潜在威胁的团队，它们会模拟各种可能的情况和挑战，对企业的战略和计划进行攻击和质疑。这种蓝军机制能够帮助企业发现潜在的风险和问题，并让企业提前进行应对和解决。那些经得起内部蓝军考验的洞察和计划，会逐步变成企业走向未来的共识，并形成相关决策依据。

除了蓝军机制外，企业还需要建立相应的决策机制。在达成共识的基础上，企业需要制定明确的决策流程和标准，以确保决策的科学性和合理性。同时，企业也需要建立相应的执行机制，以确保决策能够得到有效的执行和落地。这种完善的决策和执行机制，能够帮助企业实现战略目标的有效执行和高效落地。

在未来产业场景和消费场景的演变中，企业需要不断适应和变化。洞察能力作为一种核心管理行为，能够帮助企业更好地把握市场趋势和机会，并为企业的发展提供有力的支持。同时，企业也需要建立相应的机制和流程，以确保洞察能够得到有效的执行和落地。只有这样，企业才能在激烈的市场竞争中立于不败之地，并实现持续稳健的发展。

对于战略赛道的选择，要做产业解决方案，需要看自己的人才团队和资源储备能不能承担得起这个事情。千亿公司能够挤出的资源也是有限的，而且，对于一些产业而言，三个月就是一个技术和系统迭代周期，如果企业基础能力不足，那么企业就有可能在运营过程中被活活拖死。

我们需要看企业在战略赛道里的基础能力，即企业在其主营业务领域内所具备的技术、资源、管理等各方面的综合实力。这些能力是企业稳健发展的基石，也是其应对市场变化和挑战的重要保障。对于千亿公司来说，拥有强大的基础能力意味着它们能够在激烈的市场竞争中保持不败，并且随时针对具体场景生出一个应用产品，就可以获得收益，同时也有足够的实力去开拓新的市场和业务领域。

在一个战略赛道里，有很多二级赛道，企业至少需要在一项二级赛道中具备核心竞争力，以让企业在该领域相较于竞争对手具备独特优势。这种优势可能来源于技术创新、品牌影响力、成本控制等多个方面，但无论如何，它都是企业取得市场领先地位的关键。在增量巨大的产业空间中，千亿公司必须明确自己的核心竞争力所在，并围绕这一核心竞争力来构建和完善自己的业务体系。

当然，无论是基础能力还是核心竞争力，都不是一成不变的。随着市场环境的变化和技术的进步，企业必须不断地进行自我革新和升级，以适应新的竞争形势。这就需要企业具备一种持续创新的精神和能力，不断在产品研发、市场营销、组织架构等方面进行探索和改进。看到赛道的战略机遇，通过完整的行动过程实现对于产业发展周期的把握，企业对于自身资源的战略平衡能力，这些都是协同要素，需要苦难行军才能够达到目的。在未来产业场景和消费场景的演变中，洞察能力将成为企业核心竞争力的重要组成部分。企业需要深刻认识到这一点，并将其转化为具体的行动和实践。只有这样，企业才能在不断变化的市场环境中立于不败之地，实现持续稳健的发展。

千亿公司在增量巨大的产业空间中寻求发展，不仅要有敏锐的市场洞察力和强大的资源整合能力，更要有强大的基础能力和明确的核心竞争力。只有这样，它们才能在这个充满机遇与挑战的时代立于不败之地，持续为社会创造价值，并推动整个行业的进步与发展。

6. 战略赛道组合

在前文中，我们探讨了千亿公司在战略赛道里的洞察力和基础能力的重要性，在本文，我们来看企业核心团队的战略布局和战略路径是怎样的。对于千亿公司来说，战略目标都不是一步能够实现的，都有漫长的迂回期，在赛道里行走，不迷失方向，经得起诱惑，熬得住，很重要。

在当今这个快速发展的时代，千亿公司的成功不再仅仅依赖单一的业务模式或产品，而是更多地取决于其对于战略赛道的精准把握和对于产业生态圈的深度构建。当我们谈论企业的主导性资源投入和赛道选择时，不得不提及的是，企业在面对多样化的市场机会时，如何进行有效的赛道组合，以实现长远的战略目标。

在企业战略管理的实践中，赛道的选择往往不是孤立的。单一赛道虽然可能在短期内带来显著的效益，但长期来看，其风险性和局限性也显而易见。特别是在新能源和人工智能等具有巨大跨界性的领域，单一赛道的企业很难形成持久的竞争力。因此，企业需要具备组合思维，将多个战略赛道进行有效组合，以构建更为完整和稳定的产业生态圈。

组合思维的核心在于通过不同赛道之间的互补和协同，实现资源共享和风险分担。在新能源领域，企业可以同时涉足电池技术、储能系统、电动汽车等多个子赛道，再通过技术创新和产业链整合，形成完整的产业链优势。在人工智能领域，企业可以结合大数据、云计算、物联网等技术，打造智能制造、智慧城市等应用场景，实现跨界融合和产业升级。

千亿公司一般都是世界级企业，世界级企业的一个显著特征就是拥有完善的产业生态圈。这种生态圈不仅包括企业自身的核心业务，还涵盖了上下游产业链、合作伙伴、创新生态等多个方面。通过构建这样的生态圈，企业可以更好地整合资源、提高效率、降低成本，并在激烈的市场竞争中保持领先地位。

赛道组合之中，比较典型的理论是比亚迪创始人王传福提出的"技术鱼池"理论。

"技术鱼池"这一形象的比喻，揭示了比亚迪在技术创新和储备方面的深厚底蕴。在这个鱼池中，游弋着各种前沿技术，从新能源、汽车芯片到电动车，再到轨道交通，每一项技术都像是鱼池中的大鱼，随时准备跃出水面，迎接市场的挑战。这种技术储备的战略，让比亚迪在面对市场变化时能够迅速做出反应，"捞出"最合适的技术来应对。

王传福的这种思考方式，源于他对基础物理学的朴素技术思考的秉持。他从能量效能和能量链的本质出发，认识到技术是企业发展的核心驱动力。在这个过程中，他不仅关注技术的先进性，更重视技术与市场需求的契合度。这种以市场需求为导向的技术创新策略，使比亚迪能够在多个战略赛道中脱颖而出。

比亚迪的"技术鱼池"不仅是一个技术储备库，更是一个生态圈的缩影。在这个生态圈中，各种技术相互关联、相互影响，共同构成了一个复杂而有序的系统。这种系统性的思考方式，使比亚迪能够在技术创新和市场应用之间找到最佳的平衡点。当市场需要时，比亚迪能够从鱼池中"捞出"最合适的技术，并将其迅速转化为具有市场竞争力的产品。

当然，做赛道组织也是要强调战略和周期规律的，对于千亿公司而言，核心业务是企业发展的基石，只有确保了核心业务的竞争力和盈利能力，才能为生态圈的建设提供稳定的支撑。企业应与产业链上的其他企业、研究机构、政府部门等建立紧密的合作伙伴关系，共同推动产业的发展和创新。这种合作关系可以为企业带来更多的资源和机会，同时也增强了企业的社会责任感和影响力。

战略赛道的选择与产业生态圈的构建是相互影响、相互促进的。一方面，战略赛道的选择决定了企业未来的发展方向和重点投入领域，同时也为企业构建产业生态圈提供了明确的目标和方向。另一方面，产业生态圈的构建又为企业在战略赛道上的竞争提供了有力的支撑和保障。通过构建完善的产业生态圈，企业可以更好地整合资源、提高效率、降低成本，并在战略赛道上形成独特的竞争优势。

相邻战略赛道越来越多，战略赛道之间有深度交叉的趋势，这是千亿公司面临的主要挑战。因此，要在战略赛道之间拓展产业链。通过投资、并购、合作等方式，拓展上下游产业链，形成完整的产业闭环。这不仅可以提高产业链的整体效率，还可以降低企业的运营成本和风险。

横跨几个赛道的时候，如何去做？比亚迪有一个全周期的验证体系，可以让其他的千亿公司核心决策团队参考。2003年，也就是在马斯克创办特斯拉电动汽车的那年，在这个星球的另外一个半球，王传福就笃定了"只生产新能源汽车"的愿景。中国的企业家更善于将大事业分成几个战略阶段，分步实施，"生存、发展、并行、舍弃、超越"就是比亚迪成为世界电动汽车领军者的发展之路，也是战略赛道转换周期之中的过渡战略。

从燃油车、混合动力车、纯电动车开始，多种能源系统和解决方案并行了20年。2022年3月，比亚迪彻底退出了燃油车市场。在比亚迪进入的时候，纯电汽车的行驶里程为300千米左右；退出的时候，纯电汽车已经达到了1000千米，混电汽车达到了2000多千米。

在当下，比亚迪已经建立了从电池到芯片软硬件方案的全生态圈，生态圈经济卷积了成千上万的新能源合作伙伴，一个面向碳中和社会的友好企业生态，就在20年的时间之内完全成熟了。

对于战略赛道组合，比亚迪的战略洞察力是很强的，事实上其一举一动也在影响着社会。在王传福的心智里，比亚迪不仅要解决自己的问题，也要解决社会的问题，要和国家发展实现相向而行。

在比亚迪新能源领域，一共有 1.5 万名技术工程师在努力工作，比亚迪已经成为新能源产业和新能源汽车的技术平台，其很多衍生创新能源技术随时可能产生一个全局性的应用场景。这种庞大的生态系统的形成意味着企业盈利能力的提升，且已经被全球资本市场认可。

7. 赛道堵塞战略

在当今复杂多变的商业环境中，千亿公司的生存与发展虽然很强大，但是产品和服务迭代太快了，这导致寻找增长空间，占住增长空间，对于千亿公司永远是个硬任务。大企业不仅仅依赖满足既有的市场需求，实际上，创造市场需求已逐渐成为企业实现长远发展的关键因素。这些勇于突破的企业，在经历了从 0 到 1 的艰难探索后，往往能够开辟出全新的产业赛道，从而引领市场的新潮流。

这些创造市场需求的企业，通常需要在技术创新、产品创新或模式创新等方面有突出的表现。它们不满足现有的市场格局，而是勇于挑战未知，寻求新的增长点。这样的过程，无疑是对企业耐力和智慧的极大考验。然而，一旦成功，企业便能形成自己独特的竞争优势，并在市场上树立起新的标准。苹果在移动互联网时代的巨大优势，就是这样的例子。

乔布斯在再次回到苹果的时候，除了做了产品品类简化，实现了运营成本的控制，获得了盈利之外，还在战略上提出了具有指导意义的想法，他认为现有产品都是 X 轴上的竞争，而更大的机会在下一个战略机会上，在 Y 轴的延长线上，他说："我是在等待一个大机遇。"那就是移动互联网走到一个质点，他迅速抓住了机遇，改变了苹果的命运。

其实在全球资本市场中，这样的例子不胜枚举。许多龙头企业正是通过不断创新，创造了新的市场需求，从而实现了跨越式的发展，让其市值达到了巅峰，成为受人尊敬的企业。它们的成功，不仅为企业自身带来了巨大的经济回报，更为整个行业乃至社会带来了深远的影响。这些创造新需求的企业，实际上也在推动着一场新赛道革命。它们通过自身的努力，打破了原有的市场格局，为整个行业带来了新的发展机遇。

事实上，"原创者"这个词语，其实是很迷惑人的，对于千亿公司来说，它们更关心的体系，其实是谁能够将原创者的成果集成起来，打开一大片新的缺少同级竞争对手的新赛道。在本文中，我们将介绍一种战略，叫作"赛道堵塞战略"，即在一个新的产业赛道内，一家企业从一开始就完成了对于整个产业的占领，形成了赛道霸主的地位，其庞大的创新体系形成了对手绕不过去的障碍，表现为市场占有率达50%以上。这样的市场，一开始就有了高门槛。

"赛道堵塞战略"在旧有的产业当中，后来者即使完全放弃利润，也很难做到，因此，在多数情况下，这些新晋的"独角兽"企业都是创新需求驱动的，企业既是赛道革命者，也是市场领航者。

那么，"赛道堵塞战略"是如何发生的？我们首先可以看看红杉资本全球执行合伙人沈南鹏的投资方法论。在一个必然具有巨大产业空间的赛道里，沈南鹏的投资方法就是在产业之中，有竞争力的团队都能够拿到他的投资，有些团队可以跑出来，有些团队跑不出来，最终将跑不出来的团队作为资产项并入了胜者的企业，从而实现对于整个赛道的掌控，让别人的成功都与你有关，这就是基于资本视角的"赛道堵塞战略"。

我们再从千亿公司的视角来看看这个战略，大疆是世界无人机领域的产业冠军，也是全球低空经济的领航者，其全球无人机市场占有率70%，而且仍处于一个急速增长的赛道之内。在这里，我们不妨从大疆对于新赛道的占领，再介绍一下，这样的企业，其企业内部的结构和组织架构是什么样的。

无人机领域有两个市场赛道：一个赛道是军用，一个赛道是民用。民用，主要是进行商业价值的创新和整合。

大疆的创始人汪滔和国内众多的企业家不同，他是一个优秀的知识管理者。我们总结的业务战略成功的企业，都是把握全局知识，具备全局知识整合能力的企业，大疆即是其中的典型之一。

大疆创新科技有限公司（简称大疆）成立于2006年，这个时间点，是全球化分工协作最为普遍的时间点。从创立公司开始，汪滔就带领团队做研发和知识产权布局。只有拥有自己的核心技术并掌控产业链上下游控制权，企业发展才不受制于人，才能获取发展的主动权。迄今为止，该公司有4600多项无人机相关技术专利，掌控了无人机的产品定义权和产业链绝对话语权，独创了高度垂直集成整合的产业链、供应链的"大疆模式"。

在产品领域，大疆凭借性能卓越、功能完备、全球独创的飞控、云台和图传三大核心技术产品，成为软件硬件一体化的垂直集成企业。

严格来说，民用无人机产业是手机终端产品的衍生产业，手机电子陀螺仪的进步，为民用无人机的普及提供了可能，如果仅仅满足影视产业的一些垂直需求，那市场规模其实就变成小赛道了。当核心部件手机陀螺仪单价从6000元降到100元甚至几十元的时候，大疆的无人机产品就可以从2万元降到2000元，无人机进入民用市场的战略契机也就出现了。汪滔其实也和乔布斯一样在等待"一个大机遇"，在无人机的全局性知识体系成熟的时候，做了一个战略级别的摘果子的人，让人类进入了民用无人机时代，而这些所谓的战略机遇，都是研发、知识整合和等待得来的。

很多智能型高科技企业，对于物质资源的数量依赖并不大，但对于微小器件的性能和知识整合要求却很高。对于人才的依赖，更是达到了前所未有的程度。我们这个时代，并非重工时代，不需要大量土地和大宗资源支撑，因此，基于软硬件一体化的系统构建能力似乎又开始回潮了。这就回到了业务战略乃至建立完整供应链的问题：为什么大疆要投入自己的钱去做软硬件？按照流行的管理学理论来回答，是为了全球供应链效能最大化。但对于大疆这样的系统创新者而言，其创新的产业生态很难去整合，系统的原创性越强，垂直一体的要求就越迫切。

我们回到"赛道堵塞战略"，企业的业务战略都是个性化的，大疆的原创知识和独特的软硬件都是基于自己的用户反馈和研发团队的集成开发策略。从时髦的战略观念来看，垂直一体化是落后的思想，但在一种"战略自主，稳住主体，开放协同"经营哲学指导下，知识密集型企业垂直整合模式，正在成为新的领军企业的战略选择。新型的垂直一体化能够最大限度承载企业的原创知识成果。

市场没有解决方案的时候，企业自己就是解决方案，大疆的业务战略很简单，通过创造一个基于无人飞行器的系统来不断进行系统创新。通过不断的知识创新，大疆在产业链上下游控制权的竞争中逐渐建立起综合性的竞争优势。

第四章
千亿公司的战略和执行

1. 直达千亿的战略

段永平说过："不犯错就是快。"事实上，是个企业都会犯错误。企业通常会犯两种错误：一种是战略错误，即发展的基本方向出现了问题；另一种是战术错误，可能在局部地区市场失利，或在和竞争对手进行博弈的过程中，出现了一些问题。战略执行出现了问题，问题就大了，而战术错误其实是难免的，反思总结即可。从企业史来看，一切大企业都会在战略错误中，失去活力，失去向上的势头。

战略执行是个实践问题，理论是灰色的，实践之树长青。在理论上，后来者在一个成熟的市场很难再有崛起的机会，因为千亿公司拥有巨量的资源，挑战者在财务纸面上不具备挑战资格。然而现实却并非如此，在成熟市场，新的巨头照样在崛起，优劣可以进行转化，这就是市场的不确定性所在。

手机对于专业相机的逼迫，将一个主流市场硬生生地挤到了垂直缝隙市场，这就是巨头的一种归属。

战略执行到了运营领域，一切基于章法，同时也在背离经验。战术家和战略家的结合，让挑战者永远都有机会，没有一个头部企业是屹立不倒的，吃大户就是直达千亿的战略。

在浩瀚的市场海洋中，充满了不确定性，对于战略执行来说，不确定性充满了魅力。每一个企业都如同航行的船只，不断地探寻着前行的方向。市场永远在不断地运动着，而正在运动中的事物往往都是不完美的，谁都是"拖泥带水"地活着，大企业也不例外。市场中的每一个细微变化，都可能成为企业决策的关键。

第四章 千亿公司的战略和执行

对于千亿公司来说，创始人和团队手中掌握着大量的资源，这些资源可以是资金、技术、人才、品牌等。然而，相对于整体市场而言，大企业的资源也是有限的，它们需要将这些资源聚焦在最重要的领域和环节上。这种聚焦不仅体现在时间上，也体现在空间上。时间上的聚焦意味着企业需要在关键时刻做出正确的决策，而空间上的聚焦则意味着企业需要将资源投入最具战略价值的领域。

在系统思维之中，聚焦战略永远都是顾此失彼的，即使是大企业，也无法做到面面俱到。市场是复杂的，竞争对手的策略也是多变的。在这样的环境下，竞争对手的策略中总是会有漏洞和破绽出现。对于大企业来说，稳住阵脚，误导对手、释放烟幕弹、等待战略竞争对手犯错，成为一种重要的战术选择。这种战术选择可能出现在市场的某个角落，也可能出现在某个看似不起眼的环节。但只要企业能够敏锐地捕捉到这些战术所达成的结果，并果断地采取行动，就有可能获得意想不到的成果。不要看不上别人的战略错误，这往往是巨头换位的机会。

在战略执行的过程中，战机往往是不可预测的。它可能随时出现，也可能一直不会出现。但无论如何，企业都需要做好充分的准备，以便在战机出现时能够迅速抓住并充分利用。这种准备包括对市场的深入了解、对竞争对手的准确判断、对资源的合理配置以及对团队的充分激励等。

企业还需要在战略执行的过程中保持高度的灵活性和适应性，以便在战机出现时能够迅速响应并充分利用。在这一点上，大企业要和小企业一样，在战略级别的运动战中，实现企业成果。

在竞争激烈的商业世界中，猎杀思维成为一种不可或缺的战略武器。这种思维方式在战略效能上的体现，就如同非洲草原上角马群与狮群的较量，总是敏锐地寻找着市场的薄弱环节，并以此作为企业的入场机会。特别是在那些追求千亿规模的企业身上，这种猎杀思维更是被发挥得淋漓尽致。

在千亿公司的成长历程中，战略执行的重要性不言而喻。而在这些企业的战略执行过程中，有两个策略尤为关键，它们就是边缘替代和侧翼攻击。这两个策略，如同猎人的两把利刃，交替使用，时机不同，则动作不同。

边缘替代，是一种等待机会的策略。在市场竞争中，企业总是寻找那些被主流市场忽视的细分领域或者主流市场的边缘地带。这些领域往往蕴藏着巨大的潜力，但由于种种原因，它们并未被主流企业重视。然而，正是这些边缘地带，为那些敢于冒险、敢于创新的企业提供了难得的发展机遇。通过深入这些领域，企业能够逐渐积累实力，从而为后续的市场竞争打下坚实的基础。

边缘替代并非甘于守住边缘，而是企业需要不断地寻找新的机会，找机会杀入中心。这时，侧翼攻击策略便应运而生。

侧翼攻击，是一种创造机会的策略。与边缘替代不同，侧翼攻击更注重主动出击，寻找那些能够打破市场格局的突破口。通过创新的产品、服务或营销手段，企业能够迅速吸引消费者的眼球，打破主流市场的格局，为自己赢得更多的市场份额。这种策略不仅需要企业具备敏锐的市场洞察力和强大的创新能力，还需要企业能够在短时间内迅速做出反应，抓住市场的变化。这里大概就是任正非说的"压强原理"，一旦发现机会，就要在局部形成资源聚集，一举击溃对手。

在战略执行的过程中，边缘替代和侧翼攻击往往是交替使用的。当市场处于相对稳定的状态时，企业可以通过边缘替代策略，深入那些被忽视的细分领域，积累实力。而当市场出现变化时，企业则需要迅速调整策略，采用侧翼攻击的方式，抓住市场的变化，创造新的机会，不杀巨兽，自己则难以成为巨兽。

通过研究那些已经成功跻身千亿公司的企业成长史，我们可以发现，这些企业都有着丰富的战略执行经验，它们不仅善于运用边缘替代和侧翼攻击这两种策略，还能够在不同的市场环境下灵活运用，捕捉到多个连续的战机。正是这些战机，让这些企业获得了空前的发展，成为行业的佼佼者。

回顾过去10年，阿里巴巴（后文简称阿里）与拼多多之间的竞争和演变，无疑为我们提供了一个深入剖析企业战略失误与战略机遇的经典案例。特别是在两者对淘宝所代表的基础消费市场洞察认知的差异上，这一案例显得尤为突出。

在国内电商市场，阿里凭借其强大的市场影响力和创新能力，一直稳坐电商行业的头把交椅。然而，在快速变化的市场环境中，阿里并不总是能够准确把握市场的脉搏。在面对淘宝所代表的基础消费市场时，阿里的战略失误逐渐显现。

阿里在对待基础消费市场的态度上出现了偏差。随着京东电商的崛起，阿里感受到了来自竞争对手的压力。为了应对这一挑战，阿里成立了主打品牌的天猫，试图通过提升平台的品质和服务来吸引高端用户。然而，这一策略却忽略了淘宝平台上大量存在的中低端用户和商家。这些用户和商家虽然消费能力有限，但数量庞大，是电商平台不可忽视的基础力量。阿里在推广天猫的过程中，过度倾斜资源，导致淘宝平台上的流量被大量吸走，这就进一步加剧了中小商家的困境。

相对而言，拼多多在基础消费市场上的洞察和策略显得更为精准和有效。拼多多之所以能够迅速崛起，关键在于其准确把握了市场的需求和趋势，并有针对性地制定了有效的竞争策略。拼多多深入洞察了基础消费市场的需求和特点，瞄准了那些被阿里忽略的中低端用户和商家，通过提供低价、优质的商品和服务，满足了这部分用户的消费需求。同时，拼多多还通过社交分享、团购等创新方式，降低了用户的购物成本，创造了一种链式的购物体验。

在移动互联网时代，社交电商和团购模式逐渐兴起，成为电商行业的新趋势。然而，阿里在这一趋势上的反应相对滞后，未能及时把握市场机遇。相比之下，拼多多则敏锐地捕捉到了这一趋势，并通过社交分享和团购模式迅速崛起。

企业必须重视基础消费市场的力量。基础消费市场虽然消费能力有限，但数量庞大，是电商平台不可或缺的力量。只有真正关注和满足这部分用户的需求和利益，才能赢得市场的认可和信任。而在过去几年，在阿里的侧翼形成了一巨大的战略漏洞，这就让拼多多在面向基础消费者的领域，抢占了万亿元市场。

段永平和黄峥同在步步高资本系之中，这个资本系的特点是，其战略能力表现为在极端的商业竞争和乱战之中取得成果的能力。黄峥是战略制定和战略执行领域的佼佼者，这种效能管理的重心，体现在一种独立的机会洞察上。

在步步高体系中，我们能够看到段永平和黄峥的投资风格，这种抓住主导市场产生的短期战略机会进行重仓入场的能力，践行了"敢为天下后，后而争先"的市场竞争哲学。而战略效能也体现在对于战略机会的洞察和行动连贯性上。

千亿公司在战略执行之中，上述两大策略是屡试不爽的，边缘替代与侧翼攻击往往是交替使用的。边缘替代是等待机会，侧翼攻击是创造机会，分战略阶段解决问题，具体看环境变化，这就是大企业直达千亿公司的战略构成。

2. 认知领先实现战略领先

认知领先，是企业软管理的核心要素，其本质上是一种认知事物发展规律的常识。战略执行需要一套行得通的策略，这来源于常识，也来源于企业形成的"做正确事""把事情做好"的独特能力。因此，企业创始人和核心团队要实现持续的认知领先，这是战略执行的根基。

我们在分析一个企业的时候，往往会盯着这个企业当下的资源优势和核心竞争力，这是常规的分析方式。更为全面的分析方式，是看企业的认知是否超前，这是企业商业思想的策源地，是非常重要的视角。软性因素的分析有时候比硬性因素更加靠谱，原因就在于，软性因素事实上才是主导盛衰周期的关键因素。认知领先，首先可以确认一点，这个企业的将帅没有问题。

和资源领先的态势不同，中小创始团队也可以实现认知领先，而千亿公司也可能处于认知衰退的下行通道中。战略执行过程中，谁少犯错，谁就能够稳得住。一个认知领先的企业，能够准确地把握市场的脉搏，洞察消费者的需求变化，预见行业发展的方向。这种能力使企业能够在市场变化中迅速做出反应，抓住机遇，规避风险。同时，认知领先还意味着企业具备了一种超越竞争对手的视野和格局，能够站在更高的角度审视市场，从而制定出更具前瞻性和创新性的战略。

字节跳动抖音短视频的崛起，就是基于移动互联网从图文时代转入短视频时代的机遇。移动互联网的媒介形式的转变，意味着商业资源的重新分配，媒介是决定人的认知的，从媒介学者麦克卢汉的观念出发，这有点媒介决定论的味道。但事实证明，短视频时代的用户注意力确实随着媒介形式转移了。

抖音在创办之初，其实在里面就蕴含着一种认知领先的要素，这还是基于常识。在图文时代，这些PC互联网和移动门户企业的基础假设是：人人都是阅读者。这个基础假设其实是有问题的，根据出版业报告，在中国大陆，虽然有14亿多人口，但排除娱乐性阅读，真正能够将一本书从头到尾读完，并且进行知识融合的人，只有2000多万人。

战略决策的起点就是对于惯常经验的再洞察，并敏锐捕捉市场本质需求。直接看生活行为，以为大家都一样阅读图文是对的，但其实只是没有更好的选择而已。企业的本质就是找到更好的选择。张一鸣在创办字节跳动之前，已有多次创业经历。这些经历不仅让他积累了丰富的技术和管理经验，更让他对市场有着敏锐的洞察力。短视频作为一种全新的内容形式，其内容具有大众娱乐性和内容碎片性，刚好和大众思维吻合。在深度的人性认知之中，人都觉得自己最为重要，短视频平台就是自我展示的直观平台。和写文章相比，视频美颜露脸一点难度都没有，一旦技术系统成熟，其市场潜力巨大。因此，他决定将重心放在短视频领域，希望通过技术创新，为用户提供更加便捷、有趣的内容消费体验。

因此，我们再看认知领先，不过就是一句话而已，而且这些话语早就充斥于各种媒体报道中，但真正理解的人，在10年之前少之又少。抖音（TiKiOK）在美国也一样有巨大流量，抖音将短视频表达变成了真正的大众狂欢，并成为"流量黑洞"，其本质就是符合人性的需求。甚至在更多的情况下，客户也不清楚自己到底要什么。这时候，企业家就需要进行需求洞察，实现认知领先。

张一鸣和字节跳动的核心团队在认知领先的情况下，让企业对于短视频赛道的未来有了清晰的战略定位，包括目标市场、目标客户、竞争优势等。清晰的战略定位有助于企业集中资源，实现差异化竞争。同时，他们也和资本市场达成了共识，一起制订了前瞻性的战略规划。这种前瞻性的战略规划有助于企业抢占市场先机，实现持续领先。

在确定了短视频的方向后，张一鸣带领团队开始了艰苦的研发过程。在产品层面，他们不断优化算法，提升用户体验，使得抖音在很短的时间内就获得了大量用户的喜爱。同时，他们还积极探索新的内容形式和互动方式，如音乐挑战、话题讨论等，进一步激发了用户的创作热情，提高了平台的活跃度。

在这个过程中，张一鸣始终坚持创新驱动的发展战略。他鼓励团队成员敢于尝试、敢于创新，不断突破自我。为什么张一鸣有这种敢于创新的精神？一方面，张一鸣深知用户体验是平台生存和发展的基础。因此，他始终坚持用户至上的原则，不断优化产品功能和服务质量，确保用户能够享受到更好的内容消费体验。另一方面，随着平台的不断发展壮大，商业化需求也日益迫切。毕竟，人聚起来了，怎么赚钱永远是个大问题。面对这一挑战，张一鸣展现出了其决策能力和战略眼光。他提出了一系列创新性的解决方案，如引入广告合作、开展电商业务等，既保证了平台的商业化变现能力，又尽可能减少了对用户体验的影响。同时，他还注重与合作伙伴建立良好的合作关系，共同推动行业的健康发展。作为短视频电商领域的领先平台，抖音就是认知领先的产物。所谓最佳实践，从来就不是别人的实践，而是自己的实践。

3. 战略对标和战略超越

现在大企业的基础理论，都是"以客户为中心"，但在战略执行的过程中，却需要简化混沌，要将海量的纷乱信息总结为简明的行动模型。这个时候，战略对标这个竞争思维模型就出现了。

今天，有很多商业书籍和学者呼吁少关注竞争对手，要直接用心面对用户。在理念层面，这无疑是正确的，但在实践过程中，经验丰富的导航员其实也是需要路标的。企业战略执行的过程，是一个复杂的混沌系统，而战略对标本身就是在照镜子，这个照镜子的过程，就是在两个或者多个领先企业之间建立战略对标体系，并在找差距和知晓领先点的基础上，有针对性地找到市场中的机会，实现"压强式攻击"，建立自己的优势地位。

战略执行要是像企业家和几个中层开个会，做个规划，然后按照计划进行这样简单就好了。在现今复杂多变的市场环境中，企业的生存和发展面临着前所未有的挑战。为了应对这些挑战，企业不仅需要制定明确的战略方向，更需要一种有效的方式来确保战略的执行和监控。在这个过程中，战略对标作为一种认识企业自身处境和衡量战略执行效果的重要工具，显得尤为重要。

战略对标，简言之，就是在战略执行过程中，企业通过对标行业内外的先进企业、优秀企业或者竞争对手，来识别自身的优势和不足，进而调整和完善自身的战略方向和执行方式。这种对标不仅包括对竞争对手的战略、产品、服务、技术等方面的对标，也包括对客户需求、市场趋势等外部环境的对标。

在先进的管理理论中，战略对标被视为企业的一种"导航仪"。这是因为，战略对标能够帮助企业清晰地认识到自身在市场竞争中所处的位置，了解自身的优势和不足以及面临的机遇和挑战。通过与其他企业的对标，企业可以明确自己的发展方向，避免盲目跟风和走弯路，从而降低运营风险，提高市场竞争力。

对于千亿公司来说，战略对标更是一项值得纳入常态管理的事务。这些企业通常拥有庞大的规模、复杂的业务结构和广泛的市场布局，面临着更加复杂多变的市场环境和巨大竞争压力。因此，通过战略对标，这些企业可以更加准确地把握市场动态和客户需求，并及时调整自身的战略方向和执行方式，从而确保企业在激烈的市场竞争中保持领先地位。

在现今的商业世界中，对于那些拥有千亿资产的企业巨头而言，每一步的决策都显得尤为关键。其中，战略对标作为企业发展规划中的重要环节，其重要性不言而喻。那么，对于这样的企业来说，如何进行战略对标，才能确保企业可以持续稳健地向前发展呢？

我们要明确地知道，科学的比较体系是我们认识和理解复杂事物的根本方式。在商业世界中，企业的运营涉及众多因素，包括市场环境、竞争态势、内部管理等。在这样千头万绪的局面下，仅凭直觉和意识流来做出决策，无疑是非常危险的。因为这样的决策往往缺乏深入的分析和科学的依据，容易导致企业的盲目性和随意性，从而影响企业的长远发展。

而战略对标正是解决这一问题的有效途径。虽然战略对标不能为企业提供绝对的经营坐标，因为它无法完全预测未来市场的变化和竞争态势的发展。但是，战略对标可以为企业引入相对经营坐标，从而帮助企业在与同行业其他企业的比较中，更加清晰地认识到自身的优势和不足，进而为企业的发展提供有力的指导。

事实上，战略对标暗含着企业的自我检讨体系。段永平说："我们自己要做对的事情，发现错误的事情一定要改。"对于OPPO公司而言，虽然在芯片领域投资了500亿元，但哲库团队最终还是解散了，这么大的资本就没有了。原因在于OPPO在手机芯片领域即使成功了，也无法成为企业的核心竞争能力，只能够解决"有和无"的问题。这个案例告诉我们，只有在全面的战略对标之下，深度理解自己处境的人，才会做出正确的决策。

在战略执行的过程中，减少失误，并观察别人所犯的重大错误可以让自己警醒，然后不犯同样的错误，这种方式成本是最低的。最终，这些千亿公司会形成两种清单：一种是正确的战略执行清单，另一种是负面的战略执行清单。

在战略对标的过程中，企业需要建立起基于总体环境的系统认识。这包括对宏观经济环境、行业发展趋势、竞争对手状况等多个方面的深入了解和分析。只有在对这些方面有了深入的认识之后，企业才能够制订出更加科学、合理的战略规划，并确保企业在未来的发展中能够保持聚焦领域的领先地位。OPPO做出的战略决策，在今天看来是十分明智的。

战略对标还需要注重企业内部管理的优化和提升。因为企业的内部管理直接关系到企业的运营效率和市场竞争力。在战略对标的过程中，企业需要对自身的内部管理进行全面的审视和评估，找出存在的问题和不足，并采取相应的措施进行改进和提升。这样不仅可以提高企业的运营效率和市场竞争力，还可以为企业的发展提供更加坚实的基础。

在比较过程中，企业和综合竞争对手，可以在100个甚至300个数量指标上进行对比，这就建立了企业自身的量化评估模型。战略对标可以帮助企业识别出自身的优势和不足，从而让企业可以更加合理地配置资源。例如，企业可以通过对标竞争对手的产品和服务，了解市场需求和客户偏好，进而优化自身的产品线和服务体系；通过对标竞争对手的营销策略和渠道布局，了解市场趋势和竞争态势，进而调整自身的营销策略和渠道布局。这将有助于企业提高资源利用效率，降低成本，提高市场竞争力。在比较的过程中，当企业内的所有人都开始用数据说话的时候，就重构了企业的执行文化。

战略对标做到了"知己知彼"，这是一种态势感知能力。战略对标可以帮助企业识别出自身在运营过程中存在的问题和不足，从而有针对性地改进和优化，实现在战略对标过程中进行战略超越的目的。例如，企业可以通过对标竞争对手的生产流程和管理制度，了解先进的管理经验和做法，进而改进自身的生产流程和管理制度；通过对标竞争对手的客户服务体系，了解客户的需求和期望，进而提高自身的客户服务水平。这将有助于企业提高运营效率，降低运营成本，提高客户满意度和忠诚度。

战略对标可以激发企业的创新意识和创新能力。通过对标行业内外的先进企业和优秀企业，企业可以了解最新的技术趋势、产品趋势和市场趋势，从而激发自身的创新意识和创新能力。同时，企业还可以通过与竞争对手的交流和合作，共同推动行业的创新和发展。因此，竞争对手并不全是企业的"祸害"，有时候，他们也能够成为企业实现超越的垫脚石。

对于核心决策团队来说，战略对标更应该成为一种自觉的过程控制方式。核心决策团队是企业战略制定的关键力量，他们的决策将直接影响企业的未来发展方向和市场竞争地位。因此，核心决策团队应该具备强烈的战略对标意识，不断关注市场动态和竞争对手的动态，及时调整和完善企业的战略方向和执行方式。同时，核心决策团队还应该将战略对标纳入企业的常态管理中，以确保战略对标工作的持续性和有效性。

战略对标是企业在战略执行过程中认识自身处境、降低运营风险、提高市场竞争力的重要手段。核心决策团队应该具备强烈的战略对标意识，要将战略对标纳入企业的常态管理中，以确保企业在激烈的市场竞争中保持领先地位。

4. 战略执行的要义

一艘货轮从上海港起航，历经万里波涛，最终抵达荷兰的阿姆斯特丹港口，这一过程不仅是对货轮性能的考验，也是对于船长和船员的考验。

战略目标都是有难度的，需要跳起来才能够得着，这背后是对企业组织战略执行能力的挑战。在这一过程中，专业的团队和精细的过程控制如同航海的罗盘与舵手，引领着货轮安全、高效地驶向目的地。

在现实中，许多企业虽然拥有敏锐的洞察能力，能够捕捉到市场的细微变化和潜在的商业机会，但往往缺乏与之相匹配的过程控制能力和突发应急能力。这种能力的缺失，使得企业在面对复杂多变的市场环境时，难以保持航向的稳定，更无法有效地应对突如其来的挑战。这种状态下，企业的"道"（企业的核心价值观和愿景）、"法"（企业的规章制度和流程）与"术"（企业的执行力和应对能力）三者往往处于分离状态，难以形成合力，从而无法保证企业获得战略级别的成功。

战略执行，作为企业成功的关键一环，其重要性不言而喻。它不仅是将企业的战略目标转化为具体的行动计划，更是通过关注执行过程，使企业在不断自我修正航向的过程中，逐渐成为一个可以自我约束、自我完善的组织。

在这个过程中，企业需要摒弃过去那种"一刀切"的管理方式，转而采用一种更加灵活、更加适应市场变化的过程管理模式。只有这样，企业才能在复杂多变的市场环境中保持竞争优势，实现可持续发展。

对于千亿公司而言，这是由上千个目标构成的行动网络，企业的总体目标、战略目标和个人目标需要统一起来，并将其与企业的核心价值观和愿景紧密结合起来。只有这样，企业才能在执行过程中始终保持对目标的清晰认知，从而避免在执行过程中出现偏离方向的情况。同时，企业还需要建立一套完善的规章制度和流程，以确保执行过程的规范性和有效性。这些规章制度和流程应该根据企业的实际情况进行制定，既要符合法律法规的要求，又要能够满足企业的实际需要。

对于千亿公司而言，战略执行并不总是按部就班的，需求来的时候，就像潮水一样，企业做不做？这就在考验企业的组织能力了。企业需要关注自身的执行力和应对能力。在执行过程中，企业会遇到各种各样的挑战和困难，需要能够快速、准确地做出反应。这就要求企业具备强大的执行力和应对能力，能够在面对挑战时迅速调整策略、整合资源、优化流程，以确保战略目标的顺利实现。

为了实现这一点，企业需要注重人才培养和团队建设。一方面，企业需要选拔和培养一批具有高素质、高能力的人才，为企业的战略执行提供有力的人才保障；另一方面，企业还需要加强团队建设，提高团队的凝聚力和战斗力，使团队能够在面对挑战时协同作战、共同应对。骨干动起来了，整个部门和企业就全动起来了。

千亿公司都是自主工作的，因此需要注重自我约束和自我完善。在执行过程中，企业需要不断审视自己的行为和结果，发现问题并及时进行改进。这种自我约束和自我完善的精神不仅能够帮助企业更好地实现战略目标，还能够使企业在市场竞争中保持领先地位，实现可持续发展。

战略执行的过程也是聚拢和提升企业核心竞争力的过程。企业需要通过创新来不断适应市场的变化，满足客户的需求，提升企业的竞争力。在这个过程中，企业要鼓励员工提出新的想法和方案，为企业的发展注入新的活力。关键目标管理，就是在总结阶段性关键成果的基础上，看看是否出现了意外和超越性的成果。

典型千亿公司在战略执行过程中，其核心团队会带领所有人设定明确、可衡量的目标。这些目标不仅与企业的长期愿景相一致，而且能够指导员工的日常工作。价值观领导者在这个阶段承担着划定边界的责任。企业的文化和价值观对于战略执行具有重要影响。通过塑造积极向上的企业文化和强调核心价值观的引导，企业能够激发员工的归属感和使命感，并促进战略有效执行。

企业需要将战略目标分解为具体的业务计划和行动计划，以确保各部门和员工能够明确自己的职责和任务。通过有效的战略分解，企业能够将战略转化为具体的行动。每一个人需要领到自己的小目标，比如，在华为，每一个人自己承诺的目标，不仅需要签订个人承诺书，也需要自己努力去完成目标。而各级管理者，主要就是看多目标之间的协同。对于落后于进度的人和团队，他们会另外抽调资源进行赋能式努力，以保证在目标成果集成的时候，不让项目局部影响全局进度。

企业需要建立激励与约束机制，以激发员工的积极性和创造力，并确保战略的有效执行。通过设立明确的奖励和惩罚机制，企业能够引导员工将个人目标与企业目标相结合，从而共同推动企业的发展。在战略执行过程中，企业需要持续监控各项指标的完成情况，并根据市场变化和企业实际情况进行必要的调整。这种持续的监控与调整有助于确保战略的有效执行和企业的持续发展。

高层管理者有打通业务流程、打通卡点的责任，战略执行需要企业各部门的协同配合，配合多了，也就形成了流程。通过加强部门间的沟通和协作，企业能够确保各部门在战略执行过程中保持一致性，并形成合力推动企业的发展。

5. 战略执行和业财融合

对于千亿公司来说，其战略执行过程就是将产品和服务形成一个完整的流动系统，从而不断满足消费者需求。在战略执行过程中，有几个关键要素需要注意。

战略执行需要对于企业资源进行系统的盘点。在数字化管理系统里，这种盘点几乎都是同步的，这是企业打造数字化组织的魅力所在。数据管理现已成为企业管理的常态，其目的是实现企业的内部资源整合，根据企业的发展目标，整合内部资源，包括人力、物力、财力等，并寻求外部资源的合作。通过资源的有效整合，企业可以更好地支持战略的执行。这个过程可以被概括为"人尽其事，物尽其用"。

千亿公司的战略执行注重排兵布阵，要有结构层次性，要有系统打法，因此会形成一种复杂的协作结构，大企业的可贵之处其实就在这里。这些年来，商业界对于"管理"这个词语，降低了话语权重，事实上，大企业真正强的就是管理。管理结构的优化可以让企业成为一个响应客户需求的流程式组织。华为创始人任正非曾说："流程的核心是要反映业务的本质。流程承载业务，业务在流程上跑，沿着流程进行业务管理，由此，组织也必须与业务和流程进行匹配。"管理结构要根据企业的发展战略，调整组织结构，以提高效率、降低成本、增强竞争力。一个灵活、高效的组织结构可以让企业更好地适应市场的变化，支持战略的执行。

千亿公司之中，总是有一些关键难题需要解决，这就是企业锻炼人才的良机，大企业总是在一边执行一边培养人才，这是一个专题，我们将在后文中进行详细说明。

当我们深入探讨战略执行的过程时，其实也在探寻一个组织内部文化的塑造与形成。战略执行并非仅仅是纸面上的规划与数字的堆砌，更是一种文化的培育，一种组织内部的共识与习惯的养成。这种文化，我们可以将其比作组织的"习惯法"，它无形却无处不在，影响着每一位员工的思维与行为。

当一个人置身于一个组织中时，他不仅要完成自己的工作任务，还要在日复一日的工作中，逐渐形成对组织的一种认同感和归属感。这种认同感，正是企业文化所带来的。人们在工作中，会形成一种"路径依赖"，即按照某种固定的模式或方式去思考问题、解决问题。这种路径依赖，既可以是正面的，也可以是负面的。但在那些千亿公司中，它们往往能够主动建立起一种积极的、有益的路径依赖。比如，企业的命运要自主，要创新和变革，在解决难题的过程中要让企业变强，不亏待奋斗者，这些都要变成企业内部的战略执行文化。当企业把解决产业难题视为己任，员工们也会在工作中自觉地思考如何更好地完成这一使命。他们会更加关注行业动态，积极学习新知识，不断提升自己的专业能力。在这种氛围下，企业的创新能力自然也会得到极大的提升。当企业鼓励员工敢于尝试、敢于失败、敢于从失败中吸取教训时，员工们就会更加勇敢地面对挑战，更加积极地寻求创新的机会，企业的创新能力就会得到极大的发展。

还有"以客户为尊"这一理念，需要成为企业的文化习惯。在市场竞争日益激烈的今天，客户是企业的生命线。只有真正尊重客户、了解客户的需求和期望，才能赢得客户的信任和支持。这种以客户为中心的企业文化，不仅会让员工们更加关注客户的需求和体验，还会让他们在工作中更加注重细节、注重服务品质。在这种氛围下，企业的客户满意度和忠诚度就会得到极大的提升。

很多人有着这样的理解，即千亿公司的创始人和创始团队善于画大饼，他们总是构建更大的愿景，其实大事业更能够容纳高端人才，只有让人才明白自己从事的事业的荣耀感和使命感，才能激发他们的积极性和创造力。这种积极向上的企业文化，不仅能够增强员工的凝聚力和创造力，还能促进企业的发展和创新。

有一种错误的观点，将企业比作引擎，将人才比作燃料，这种表述在某种程度上忽略了人才的主体性和价值，与真正的价值观企业的立企根本背道而驰。在价值观企业中，人才并非单纯的"燃料"，他们不是消耗品，而是企业持续发展的核心动力。企业的战略执行并非仅仅依赖财务的支持和资源的投入，更重要的是需要建立一种科学、合理的管理机制，来确保人才的价值得到充分发挥。

战略财务作为企业管理机制的重要组成部分，其作用不仅在于保障企业的日常运营和资金管理，更重要的是连接着企业的现实财务运营和未来的战略投资。通过战略财务的规划和实施，不仅能让企业清晰地看到自身的财务状况和未来的发展方向，也能为企业的长期发展提供有力的财务保障。

在企业管理中，业财融合的理念越来越受到人们的重视。业财融合的本质在于将企业的业务运营和财务管理紧密结合，形成一体化的管理体系。

在这种体系下，人才不再是单纯的"燃料"，而是企业的"贡献者"。企业不再仅仅是为人才提供工作机会，而是将人才视为企业的宝贵资产，并通过激发他们的积极性和创造力，让他们为企业的发展贡献智慧和力量。

在业财融合的管理机制下，每一个人的价值都被变成了一个数据评估模型，虽然做不到绝对公平，但至少做到了相对公平，让人才的贡献得到了充分的认可和回报。企业通过建立科学的绩效评估体系，对人才的贡献进行量化评价，并根据评价结果给予相应的激励和奖励。这种制度设置能让人才感受到自己的价值和努力得到了认可，从而激发了他们的工作热情和创造力。在千亿公司中，人才是为自己工作，这样的制度设计是直面人性的"贪嗔痴"，千亿公司给予员工和人才的报酬和利益，是不躲闪的，且有一个科学有效的财务机制，让奋斗者和贡献者不吃亏。

从我们的观察来看，那些能够在激烈的市场竞争中脱颖而出的千亿公司，往往都建立了完善的业财融合管理机制，将业务流程和财务流程合一。在流程之中，谁做出了贡献，就按约定给予回报，业务会因此变得更加顺滑，责任、权利在企业经营活动之中也会因此得到统一。业财融合的主要目标是消除业务和财务之间的隔阂，实现业务和财务的有机结合和协同，以提高企业的运营效率和管理水平，将人的贡献衡量出来，这是业财融合的一个子目标。

同时，这些企业也注重将财务管理和业务运营紧密结合。它们通过建立科学的绩效评估体系、优化业务流程和财务管理流程等方式，实现了财务和业务的无缝对接。这种业财融合的管理模式让企业的运营更加高效、灵活和具有竞争力。

6. 重构战略决策流程

对于千亿公司而言，战略执行力的强弱往往决定了一个企业的成败。在众多企业中，比亚迪以其卓越的战略执行力脱颖而出，成为业界的佼佼者。其背后的管理模型和组织结构，特别是扁平化的治理结构，为其成功奠定了坚实的基础。

在传统的管理结构中，企业往往采用科层制的金字塔结构，层级分明，权力集中，中心决策。然而，这种结构在带来稳定的同时，也容易产生官僚主义，影响信息的传递和决策的效率。比亚迪的管理模型则打破了这一传统，采用了扁平化的管理结构。扁平化管理意味着减少管理层级，扩大管理幅度，使组织结构更加灵活和高效。在比亚迪，这种扁平化的管理结构主要体现在两个方面：一是制造工厂的标准化管理；二是技工贸一体的上层结构。

在制造工厂层面，比亚迪采用了标准化的管理模式。通过制定统一的生产流程和质量标准，确保了产品质量的一致性和稳定性。同时，借助先进的生产设备和技术，实现了生产过程的自动化和智能化，并提高了生产效率。这种标准化的管理模式使得比亚迪的制造工厂能够迅速响应市场需求，实现快速交付。

在上层结构方面，比亚迪采用了技工贸一体的模式。这种模式将技术研发、生产制造和市场营销等各个环节紧密连接起来，形成了一个有机的整体，通过加强部门之间的沟通和协作，实现了资源的优化配置和流程的协同高效。这种一体化的管理模式使得比亚迪能够迅速捕捉市场机遇，制定有效的战略决策，并通过高效的执行力将决策转化为实际行动。

扁平化的管理结构重构了战略决策流程，对战略执行力产生了深远的影响。在比亚迪，20 多位事业部 CEO 直接向王传福汇报工作，事业部 CEO 和工人之间不超过 3 个层级，扁平化管理减少了管理层级，使得信息能够更快地传递和反馈。这有助于减少信息失真和延误，提高决策的准确性和时效性。

扁平化管理扩大了管理幅度，让管理者能够更直接地接触和了解一线员工的情况和需求，使得所做出的决策更符合实际情况，并更快地获得通过，即扁平化管理提高了决策效率。

在扁平化管理方式下，在进行战略决策前，需要进行需求的研究和分析、内外协作者的全面多元沟通、优秀人才的参与、全面的数据分析等。这些决策的前奏行为，需要放在一个"决策容器"里进行，而蓝军机制就是一个非常理想的决策容器。

蓝军机制的建立，需要企业具备高度的开放性和包容性。企业需要允许不同的声音和观点存在，鼓励员工敢于提出自己的看法和建议。同时，企业也需要建立相应的激励机制，对提出有价值建议的员工给予相应的奖励和认可。这种开放性和包容性的企业文化，能够激发员工的积极性和创造力，从而为企业的发展注入源源不断的动力。

蓝军机制其实很简单，它就是让企业"自己打死自己"，也就是职业挑刺，对企业创始人的刺也要挑。但这个工作具有专业性，蓝军机制的设立通常是由企业或组织的高层决策者推动的，目的是提升组织的自我批判能力和应对未来挑战的能力。蓝军团队通常由具备丰富经验和独特视角的成员组成，他们可能来自不同的部门、拥有不同的背景和专业知识。

这里有一个总的原则，如果一个项目决策被批驳倒了，其实最多损失一点面子，总比失败要好。这是模拟外部竞争对手或潜在威胁的行为和策略,以检验和批判企业或组织的现有战略、产品、服务等。先演练一下,日后真正遇到问题了,也就知道怎么处理了。这种机制,就是建立"红蓝军"的对抗体制和运作平台,采用辩论、模拟实践、战术推演等方式,对当前的战略思想进行反向分析和批判性辩论。从不同的视角观察公司的战略与技术发展,进行逆向思维,审视、论证"红军"(代表公司现行战略或产品)的漏洞或问题;模拟对手的策略,指出"红军"的漏洞或问题,为公司提供决策建议。

在一些千亿公司里,有些企业是不允许员工公开挑战领导者权威的,但蓝军则可以建立一个"演习区",蓝军团队会与"红军"团队进行辩论和对抗,通过提出挑战和疑问,帮助"红军"发现潜在的问题和漏洞。基于批判性辩论的结果,蓝军团队会提出相应的决策建议,以帮助公司优化战略、产品或服务,或者可以形成报告,让决策者三思。

其实,"蓝军司令"并不是好当的,在对抗之后,把核心团队的方案批评了,还需要拿出一套更好的方案和决策建议。蓝军团队需要收集信息和分析市场,要洞察市场,要考虑企业的实际能力,产生观点;同时也需要精细研究全球竞争对手,模拟竞争对手可能采取的策略,甚至站在竞争对手的立场上,模拟竞争对手的未来3~5年计划以及各种可能性,预判竞争对手的预判。

以华为为例,华为的"蓝军参谋部"成立于2006年,其成功的运作帮助华为发现了多个潜在的问题和漏洞,并提供了相应的决策建议。其中,就有阻止华为出售终端业务的报告和备胎计划的报告等,而这正是企业拥有一群职业"对手"的价值所在。

蓝军机制是一种有效的企业自我批判和战略优化工具。通过建立蓝军机制,企业可以更加深入地了解自身和竞争对手的情况,提前发现和应对潜在的风险和挑战。同时，蓝军机制还可以促进企业内部不同部门之间的沟通和协作，并培养一种宽容的企业战略执行文化，让畅所欲言成为企业的一种文化习惯，从而提升企业的整体竞争力。

第五章
制度和流程让千亿公司拥有超级组织能力

如何成为一家千亿公司

1. 活力管理，千亿公司的超级组织能力

每一个千亿公司的创始人，在回忆自己创业之初的时候，总是会感慨，创业团队虽然比较小，但人人都有活力，企业内有一股昂扬向上的蓬勃生气。然而，企业内那种"无知无畏式的勇敢"和冲劲，随着企业步入正轨就消失了。

在华为，企业的活力管理行为被称为"组织熵减"，活力管理和企业组织能力是一体的，对于如何调动几万人像初创企业一样充满活力，拥有蓬勃生气，是个管理难题。

企业对于超级组织能力的迷恋是可以理解的，这样的团队拉出去就能打仗，干什么事都有一种求胜的本能，哪怕在绝境里，也能够靠着坚韧和无畏的精神，实现外人称之为奇迹的突破。

从我们对于典型千亿公司的观察来看，这些拥有超级组织能力的企业，其入口是很小的，类似于圆桌武士体制。以奈飞（Netflix）为例，奈飞从表面上看，似乎有一些懒散，员工的工作具备高度自主性，也没有通勤的具体要求，但企业在开展项目的过程中，又表现出来强大的组织能力和活力。我们会感到疑惑，为什么这种调性的企业，还能够成为世界网络流媒体领域的冠军企业？

奈飞之所以能够做到这一点，原因就在于其对于人才的招聘和选择管理流程是极其严格的，奈飞在招聘和选拔人才时非常注重候选人的能力和潜力。公司倾向于招聘那些具有自我驱动、创新思维和解决问题能力的员工。这种选拔标准确保了员工队伍的整体素质和能力，为公司的成功奠定了基础。

该公司创始人里德·哈斯廷斯说："我们公司只招聘成年人。"这家市值 2600 亿美元的企业，在招聘条款上和字节跳动创始人张一鸣表达的人才逻辑是一样的，张一鸣说："我们只招聘心智成熟的成年人。"心智成熟的成年人，即那些知道什么该做、什么不该做的人。这种策略有助于减少公司在员工教育和行为管理上的投入，同时能提高员工的工作效率和自律性。

里德·哈斯廷斯还有一个理论，也是关于企业的人才体系的，这个理论为全世界知晓，就是"人才密度理论"。"人才密度理论"强调，企业的竞争力源自人才的竞争力。在奈飞，每个岗位上的员工都被要求是该领域最优秀、最合适的人才。这种对人才的高标准、严要求，不仅为企业带来了高效能、高质量的工作成果，更在无形中营造了一种积极向上、追求卓越的企业氛围。

在这种氛围的熏陶下，员工们深知自己的价值与企业的发展息息相关，因此他们愿意不断学习、不断提升自己，以确保自己始终站在行业的前沿。这种自我驱动的学习态度，使得奈飞的员工们始终保持着高度的竞争力和创新能力，为企业的发展提供了源源不断的动力。

同时，"人才密度理论"也体现了奈飞对人才的尊重与珍视。在奈飞，每一个员工都是企业最宝贵的财富，他们的努力和付出是企业成功的重要因素。因此，奈飞不仅为员工提供了良好的工作环境和优厚的福利待遇，更在职业发展、培训学习等方面给予了充分的支持和帮助。

中国的管理学界在分析一个企业的时候，常会问一个问题：这家企业的人才密度够不够？原因很简单，人才密度太低的企业，无法面对未来的挑战，企业的活力其实和人才密度有很大的关系。

奈飞的企业文化和价值观，主要由"自由"与"责任"这两个关键词构成，这是奈飞成功的关键所在。自由与责任并列，意思是说在拥有自由的同时，也能把该做的事情做好，担起该担的责任。如在奈飞，每天都有正在度假的员工，更有在外地办公的数字游民，但也有在办公室努力奋斗的员工，一张一弛，在企业里同时展现出来。

奈飞赋予员工高度的自由，包括自行决定上下班时间、休假、决策实施等，但同时强调员工的责任。这种管理方式能够激发员工的主动性和创新精神。我们提到，奈飞是高密度的人才组织形态，是一种圆桌武士机制，大家都是聪明人，都是有主意的人，因此，奈飞鼓励员工以高层管理者的视角看事物，这样员工能够感受到自己与整个企业的命运紧密相连，从而更加投入地工作。你就是自己企业的CEO，也是自己的CEO。从这种思想出发，你会如何对待工作？你会全身心投入工作，在遇到难题时，你去寻找和探索最优秀的解决方案，自由只是带着问题寻找解决方案的一种表现罢了。

从薪酬制度来看，奈飞根据员工为公司带来的价值支付薪酬，而不是按照传统的薪酬等级制度。这种方式能够确保公司吸引和留住最优秀的人才。在奈飞，其员工的薪资在市场中是非常有竞争力的，支付给员工的薪资是市场行情上最高的，这体现了公司对人才的重视和尊重。企业赚钱就是为了给员工多发点钱，要想实现这个朴素的目标，就要做到不放空炮，不画饼。

奈飞有一整套管理制度和数据管理体系，对于一家流媒体企业，其精确到财务系统可以算出每一个人的贡献值。奈飞的管理决策基于数据和事实，而非主观臆断或经验主义。奈飞通过收集和分析各种数据，了解市场和用户的真实需求，进而做出明智和有效的决策。这种基于数据和事实的管理方式确保了奈飞的决策具有科学性和可预测性。

奈飞强调坦诚的企业文化，认为只有绝对坦诚才能获得真正高效的反馈。这种文化有助于营造互信互敬的工作氛围。同时，奈飞也鼓励员工之间的透明沟通，让员工能够自由地表达自己的想法和意见。这种沟通方式有助于消除误解和隔阂，增强团队的凝聚力。

正是在这样的制度基础上，在项目协作的过程中，奈飞建立了基于高度信任的企业文化。公司相信员工能够自我管理，对自己的工作负责，并为公司的成功做出贡献。这种信任减少了传统管理中的微观控制和干预，让员工有更多的自主权和决策权。尽管管理方式看似松散，但奈飞对于员工的期望和目标设定是非常明确的。公司通过制定清晰、可衡量的绩效指标，让员工明白自己的职责和目标，从而保持组织的方向性和一致性。企业因此也表现出了强大的活力，被誉为世界上非常有创意的公司之一。

2. IPD集成开发流程，成就伟大产品

在数字智能化的商业环境中，产业的赛道已经不是一种温和的马拉松式的比赛，而是一场需要极速奔跑的激烈竞赛。在这个赛道上，企业的生存与发展，既需要正确的战略，又需要高效的执行能力，这就是"又快又好"的逻辑。在这个逻辑下，企业需要不断地创新、迭代，才能在激烈的市场竞争中脱颖而出。

一个明确而正确的战略，能够为企业指明方向，避免盲目跟风或走弯路。在科技领域，新的技术、新的模式层出不穷，企业要想在竞争中立于不败之地，就必须有敏锐的市场洞察力和前瞻性的战略眼光，只有这样，企业才能在众多竞争者中率先发现商机，提前布局，抢占市场。企业开发新产品，除了正确的战略，其集成型执行能力同样重要。分工和集成执行能力的强弱，直接关系企业战略能否得到有效实施。比如，中国的车企，在开发一款新车的过程中，开发速度和质量管理能够同时做到一流水平，这在本质上，就是战略和执行同时做到位的一种胜利。

好产品是千亿公司能力的体现，结构化产品开发是这些企业运行的秘密，系统流程管理是构建高质量产品的基础工程，向管理要效益，向管

要产品是千亿公司的共识。管理和建立在管理之上的流程化组织形态，才是企业实现超级组织能力的关键所在。

让我们展开逆向思维，没有导入IPD（Integrated Product Development，集成产品开发）系统的企业，往往会犯以下几个毛病：各说各话，术语和定义都不统一，一沟通就吵架，出现很多误解；开发产品，完全成了研发部门或者技术部门的事情，业务部门和销售部门没有参与进来，致使没有客户和具体的消费场景。产品开发需要采用系统思维，将产品分成若干子系统，开发流程需要明确的阶段划分和层次划分，模块之间要分布式开发，集中式测试和集成。没有开发能力的企业缺少统一的流程设计，职责界定不清晰，理解不统一。结果其实就是一个，花了更多的钱，造成了巨大的浪费，产品在市场上的上市时间延误，和用户市场的真实需求脱节，造成企业经营的困难。

为了实现"又快又好"的目标，企业需要引入精益管理思维和系统集成思维模式。精益管理思维强调以最小的成本、最高的效率，实现最大的价值。在产品开发过程中，企业需要不断优化流程、减少浪费、提高效率。通过精益管理，企业可以确保在有限的时间内，完成高质量的产品开发。系统集成思维模式也是企业在科技赛道上不可或缺的能力。在复杂的系统中，各个部分相互关联、相互影响。企业需要将各个部分有机地整合在一起，形成一个高效、稳定的整体。通过系统集成，企业可以确保产品的各个部分能够协同工作，实现最佳的性能和效果。

为了实现系统集成和精益管理，企业需要建立标准化制度和流程。标准化制度和流程是企业内部管理的基石，能够确保企业的各项工作按照既定的标准和流程进行，避免出现混乱和错误。同时，标准化制度和流程还能够提高员工的工作效率和执行力，确保企业项目能够高效推进。

事实上，IPD没有那么复杂，它就是一张全景图，将所有影响产品生命全周期的因素囊括了进来。比如，用户服务成本问题，包括用户使用产品3

年后的情况都通过 IPD 流程在产品开发过程中提前考虑到并解决了。

按照 IBM 的文本，在 IPD 流程中，产品研发一般包括以下 6 个阶段：概念阶段、计划阶段、开发阶段、验证阶段、生产阶段、品类阶段。概念阶段是对产品的基本功能、外观、价格、服务、市场销售方式、制造等基本需求进行定义的阶段，这个阶段主要产生新产品的需求说明书。这个说明书需要形成一个数据模型，将所有影响因子都分门别类地列举出来，就如鱼骨图一样，应列尽列。计划阶段是确定产品的系统结构方案、明确产品研发后续阶段的人力资源需求和时间进度计划。开发阶段是根据产品系统结构方案进行产品详细设计，并实现系统集成，同期还要完成与新产品制造有关的制造工艺开发。比如，手机的摄像头的技术方案，从技术原理到模块样机制造，再进行模块的耐用实验，如耐摔实验等，将模块设计完成，送到系统原型机进行总体测试。后面还要进行小批量生产，让用户和企业员工使用，发现问题，继续迭代，验证产品是否符合规格说明书的各项要求，并验证新产品制造工艺是否符合批量生产要求。验证阶段后期还要向市场和企业生产部门发布新产品，并经历新产品产量逐渐放大的过程。生产阶段对完成开发的新产品进行批量销售和生产。产品在进入市场之后，不可能是单一产品，产品会逐步形成一个品类，当新老更替发生的时候，为旧机型提供的服务还要继续；同时，也需要保持产品之间的兼容性。这就是一个产品的全生命周期的管理过程，如果没有这个过程，企业是无法做大做强的。

IPD 其实是一种统筹开发的管理流程。对于现在的很多企业来说，模块化思维是产品开发的基础，很多管理者一听说系统管理工具就头疼，其实不必如此，都是人用的东西，就如 PC 一样，复杂的系统能变成几个成熟模块，有机箱、硬盘、内存、CPU 等，普通非技术人员也可以完成组装。

其实，这就是整个产业导入 IPD 后的表现，产业按照统一标准进行分布式开发，形成了"兼容机标准"，也形成了"兼容思维"，每一个用户都可以变成一个集成商。如果问一个电脑发烧友，自己组装电脑的目的是什么？他会这样回答，满足自己的个性化需求和降低成本。执行 IPD 也一样，战略管理层一旦要开发新产品，其实就处于电脑发烧友的那种状态了。

因此，对于千亿公司而言，企业在 IPD 流程上走顺了，开发就有继承性，随便加点新东西就是新产品了，开发产品就成为一种很顺手的事情，这里表现出的组织能力，其实是管理能力的胜利。伟大产品，都是在这个体系下完成的。IPD 模式在提高项目效率、提高质量与性能、增强风险管理意识、促进跨领域合作、降低成本与提升投资回报率、强调产品数据的一致性共享与持续质量控制以及贯彻精益思想等方面具有显著优势。这些优势使得 IPD 成为现代产品开发领域中的一种重要策略和方法。

3. 千亿公司，制度是根本

对于千亿公司而言，管理制度和流程其实提供了企业做大做强的骨骼系统，它们的强弱和好坏，决定了企业的结构是大象的庞大骨架还是昆虫的小骨架。千亿公司和小企业之间的竞争，在表面上是产品和服务的竞争，但在本质上是管理体系的竞争。

我们可以辩证地看问题，很多大企业大而不强，本质上，这些大企业就是在分散兵力打游击战。我们在观察千亿公司的经营策略时，可以明显地看出它们在运作方式上与中小企业的显著差异。千亿公司的运营更像是一支正规军，讲究系统化、全景透明化和高效管理，而中小企业则更像是灵活机动的游击队，强调灵活应变、快速行动。随着数字时代的到来，这种差异更加显著，且对中小企业的经营环境产生了深远影响。

我们回到千亿公司的管理目标：客户价值最大化、管理运营系统化、运营全景透明化、运营节奏更快、企业实力和影响力更强。

可以举例来说明千亿公司是如何运营的。以下是我们深入研究了海尔的管理系统后总结得出的结论。大企业如何在保住自己庞大市场的基本盘的情况下,实施对中小企业的"围剿"?这是一个很有意思的话题。

我们先展示一下一个平庸的小企业在巨大赛道是如何开展运营活动的,展示之后,我们就知道在大企业的管理系统面前,这些小企业的处境是堪忧的。

相对于千亿公司的正规军打法,中小企业通常采用更灵活的游击战策略。游击战的精髓在于灵活机动、迅速反应,通过不断变换位置和策略来应对市场变化。然而,随着千亿公司在数字化条件下获得了高速运动能力,中小企业的这种灵活性和优势正受到严峻挑战。也就是说,我们在充分审视之后,得出了一个充满争议性的结论:数字智能化是管理完善的大企业对于中小企业的一次打击行动。

中小企业由于规模较小、组织结构简单,能够迅速调整策略,抓住市场机会。例如,当市场出现新需求时,中小企业可以快速调整生产线,推出新产品;当市场环境变化时,中小企业可以迅速调整业务方向,避免损失。然而,随着千亿公司在数字智能化的加持下获得了类似的高速运动能力,中小企业的灵活性优势逐渐被削弱。千亿公司不仅能够快速响应市场变化,还能凭借其庞大的资源和技术优势,进行更大规模的调整和创新。这使得中小企业在面对千亿公司的竞争时,处于更加不利的地位。

数字智能化、平台化、生态化以及人单合一的执行流程,提高了海尔的运营效能。海尔发展出了自己的IT服务系统,张瑞敏说:"互联网时代的企业一定与市场、与用户零距离。"和用户在一起,在这样的经营策略上不会犯错误。海尔所在做的事情,是在另一个层面上重构了外部生态和内部生态,也是一个战略尝试。

作为消费品企业和品牌经营者,海尔的经营效能问题表现在其员工和用户之间的体验迭代关系上，这就是人单合一的思想。和比亚迪、华为不同，海尔将生态中的人分成海尔的员工和用户，海尔的主要管理对象，就是将员工看成企业的合伙人，每一个产品链和服务链上的员工都要通过用户体验来体现自己创造的价值。

在竞争激烈的白电市场，海尔的效能策略围绕着用户的心灵和体验展开，不仅强调做产品，更强调做服务和体验。"员工—用户"作为经营细胞，强调对于用户的终身响应和服务，这是一种无限贴近用户的行为。

和一线的班长指挥战争的思考一样，超大规模企业需要一种用户倒逼的机制，这使得海尔成为一个响应式的组织，不再是一个信息严重磨损的科层制组织。海尔设置了2000个一级小组织来快速行动倒逼职能部门，迅速将职能行为数字智能化，建立了中台，通过中台整合全局性综合信息，实现职能部门转变工作内容，和业务部门进行战略对接，共同面对用户。毕竟，激励机制的核心是用户价值和用户体验。

由数字化中台反馈的问题，其用户信息也会同步到达决策层，倒逼战略层做战略洞察，倒逼科研部门去解决用户遇到的问题，同时面向行业难题去进行战略决策。海尔的经营效能管理，是一种倒三角的倒逼机制，将企业的内部决策权力，过渡给2000个战斗在一线的小组织，这些小组织在理解了细分市场的需求之后，会反馈信息，倒逼企业的生产系统和设计系统协同工作，并实现内部协作同盟。

由于采取了内部"小微企业"的独立人效机制，这些小团队和企业中台上的工业互联网团队结合，切入细分市场，在核算之后，这些独立的小实体在分配上就能够获得更多，这是一个分配机制的变革，也是企业的流程的变革。这个倒逼机制，让大企业也有了灵活的反应机制，使其能切入各个细分市场，响应用户的需求，并满足这种新的需求。

海尔经营效能管理就是为企业找到了新老板，所有的薪酬是由用户支付的。这种模式和华为、比亚迪、远大空调都不同，这是巨大组织的去中心化体系，除了在主渠道和主营销场景之中，流通企业的主导性电器产品，还会主动发挥创意和内部链接资源，在企业平台和中台支持下，完成新产品的创新制造过程，并完成价值传递。

在这些千亿公司的管理制度的体系之上，我们来总结一下。

千亿公司的成功很大程度上依赖其系统化和全景透明化的运营模式。这种模式的核心在于建立一套完整、严谨的管理体系，通过数据的实时监控和分析，实现对企业各个环节的全面掌控。千亿公司往往拥有复杂的业务流程和庞大的组织结构。通过系统化的管理模式，这些企业可以确保各部门、各环节协同工作，避免资源浪费和管理混乱。

例如，企业资源计划（ERP）系统的使用，可以将生产、供应链、财务等各方面的数据整合在一起，实现高效的资源配置和业务流程优化。

借助先进的信息技术，千亿公司能够实现全景透明化管理。通过数据可视化工具和实时监控系统，管理层可以随时掌握企业运营的最新动态，并快速做出决策。例如，数据仪表板可以实时显示销售情况、库存水平、生产进度等关键指标，从而帮助企业快速应对市场变化和内部问题。

大数据技术和人工智能技术使企业能够从海量数据中提取有价值的信息，指导运营和战略决策。通过分析客户行为数据，企业可以精准定位市场需求，制定更有效的营销策略；通过分析生产数据，企业可以优化生产流程，降低成本，提高效率。

我们从海尔的案例来看，以前，海尔对于其他全球家电企业的压制主要靠规模，而现在是效率和规模的双重压制，凭借其规模优势和数字智能化技术，实现了更高的运营效率和规模效应。这使得中小企业在成本控制、资源配置等方面难以与之抗衡。例如，海尔通过自动化生产线和智能仓储系统，大幅降低了生产和物流成本；通过大数据分析和精准营销，提升了市场份额和客户忠诚度。

通过人工智能技术和大数据分析，千亿公司能够快速发现市场机会，进行产品创新和业务模式调整；通过 IoT 技术和实时监控系统，千亿公司能够迅速解决生产和物流中的问题，从而提升整体运营速度。

千亿公司的每一个员工，事实上都是平台系统的赋能者，小团队在经过数字化平台的分工之后，能够迅速开发出个性化的产品，并顺着相应的服务主渠道，实现比中小企业更好的效能管理。

4. 一切权力归流程

用"流程再造"实现企业管理变革，是千亿公司的普遍管理演化方向。而流程管理机制本身也在不断的演化进程中。通常，企业为了提高内部系统的协同效能，降低成本，减少浪费，对内部流程进行改造和升级，但今天我们谈论的流程，触及了企业权力这个根本问题，也就是一切权力归流程的问题。

华为为什么运营效能和创新效能那么高呢？原因就在于这个庞大的企业组织是一个"从用户端到用户端"的"端到端"组织。华为流程管理的主要内容涵盖了流程规划与设计、执行与监控、优化与改进、管理原则与目标、管理目的以及管理方法等多个方面。通过有效的流程管理，企业可以提高工作效率、优化资源利用、降低成本、提高产品质量和客户满意度，从而增强企业的竞争力和市场地位。华为为了进行流程组织变革，已经连续努力了 30 年之久，如果我们用一句话来总结华为的组织形态，即：以客户为中心的端到端流程性组织。

流程管理改变的核心在于其办企业的基础假设变了，企业家将自己的"权力"交给了企业的客户，企业自身变成了一个服务者。流程服务的对象就是客户，员工对客户好，企业才对员工好，这样的逻辑关系的改变，事实上也改变了"企业是企业家的企业"这个旧理论框架，在理论上说明了客户可以决定企业的生死。华为的全球管理流程是一个"从客户到客户"完整闭环，员工有价值的活动需要置入流程规则，这也是一种"客户为中心"的倒逼机制，驱动了企业的整个流程。

早在20世纪90年代末，华为就不断进行流程化管理和变革。因此，"流程"两个字，在华为的词典里，是关键词语。只有将战略和流程进行结合，才能够激活每一个员工的活力。不少企业主对于流程和管理的关系认知是一片空白。企业没有真正用流程将人、事、物连接起来，这些企业管理多数都是低效的。本位性岗位人员对于流程管理往往无感。但在任何运行良好的千亿公司里，流程和流程的实践是顶级的秘密。好的管理者和不好的管理者，在这个事情的认知上，一看便知。

我们在上一节讲述的IPD流程，实际上只是华为整个流程中的一个子流程。

流程变革并不是一件容易的事情，华为的管理流程变革来源于IBM，华为大约花费了40亿元的咨询费和过程服务费用，服务专家告诉任正非："变革的结果就是只有流程才拥有权力，负责人可以制定规则，但是也要按照流程进行。"

后来，任正非在接受央视的采访时，说自己在华为其实已经是一个傀儡了，权力都放在流程里了，自己在办公室想要喝一杯可乐，都不能让身边人去弄，因为流程不允许了，这个得要自己去买。原因很简单，喝可乐这件事情，不是公司的事情，不在流程里。

流程的核心意义在于将企业的整体资源以一条清晰、有序的流水线形式进行管理和配置。这种管理方式不仅确保了资源的最大化利用，更在推动项目完成的过程中，形成了一种跨部门的协同工作模式。简言之，流程就是企业为了实现某一目标或完成某一任务，通过一系列有序、规范的活动，将各种资源有效整合起来的过程。

当我们深入剖析流程的本质时，不难发现，它其实是一个端到端的跨部门管理模式。这里的"端到端"，意味着从项目的起始点一直到项目的终点，每一个环节、每一个部门都被紧密地串联在一起，形成了一个无缝对接的工作链。这种模式下，各个部门不再是孤立的个体，而是共同为实现项目目标而努力的团队成员。

在流程管理实践中，我们经常会遇到这样一种情况：工作被分配到了某个部门或某个员工的手中，这就意味着其必须按照既定的时间和质量要求来完成这项工作。这也正是为什么在某些企业中员工需要加班的原因。然而，这种加班并不是因为领导在刻意赶进度，而是因为项目分工到了这个点上，员工需要在保证总协同目标的前提下，确保自己的任务能够按时按质完成。

以华为为例，这家全球知名的科技企业以其高效的流程管理和严格的项目执行而著称。在华为，员工们经常需要加班加点地工作，以确保项目的顺利进行。但这并不意味着华为的管理方式是压榨员工，相反，这种加班文化背后体现的是华为对流程管理的深刻理解和对项目目标的坚定追求。

在华为的流程管理中，每一个员工都清楚自己的职责和任务，知道自己的工作对整个项目的重要性。因此，为了追上整个流程进度，即使面临加班的压力，他们也会全力以赴地完成自己的工作。这种对工作的敬业精神和责任感，正是华为能够在竞争激烈的市场中脱颖而出的重要原因之一。

同时我们也要认识到，流程规律并不是要人去加班，加班只是在特定情况下，为了确保项目进度和质量而采取的一种手段。在大多数情况下，我们应该通过优化流程、提高工作效率来减少加班的需求。这需要企业从制度层面出发，建立健全流程管理体系和激励机制，鼓励员工在正常工作时间内高效地完成工作。

我们还需要看到，流程管理不仅是一种管理工具或手段，更是一种工作伦理和价值观的体现。在流程组织中，每一个员工都应该明白自己的工作对整个项目的重要性，并以一种共同的工作节奏和态度来规划自己的工作参数。这种工作伦理和价值观的养成需要企业长期地培养和引导。

流程组织需要变成一种流程协作文化，通过培训、宣传等方式，让员工深刻理解流程管理的重要性和意义。同时，鼓励员工积极参与流程优化和改进工作，提出自己的意见和建议。变成习惯，才是文化落地的主要方式。

要建立完善的流程管理体系，就需要有一件工程项目将所有人都连在一起。华为找到了这个工程，那就是一切努力都是为了客户工程，在此基础上，制定明确的流程规范、建立流程监控机制、优化流程设计等方面。通过这些措施，企业可以确保流程的高效运行和资源的最大化利用。在这个过程中有一条需严格遵守的规则，即确保业务流程面向客户，管理流程面向企业目标。保证流程中的活动都是增值的活动，员工的每一个活动都是实现企业目标的一部分。追求流程的持续改进，永不过时。

企业建立流程组织的过程中，需要将监督机制和激励机制放到流程里，对于华为而言，战略财务和业财融合体系等的一体化大大提高了经营效能。通过信息化手段，如流程管理系统，实现流程的自动化和实时监控，可以提高流程执行的效率和准确性，确保流程在实际操作中按照既定规定执行，监控流程的执行情况，包括流程时间、成本、质量等方面的数据。通过设立奖励制度、晋升机会等方式，激发员工参与流程管理和项目执行的积极性和主动性。这不仅可以提高员工的工作满意度和归属感，还可以促进企业的长期稳定发展。

建立在流程管理之中的"蓝血思维"，就是在流程协同的过程中，一切用数据说话，这是华为鼓励的事情，数据是扯皮最少、最为准确的沟通语言，基于数据化流程的效能管理是现代企业管理中的重要一环。通过优化流程、提高工作效率、加强员工培训和激励等方面的措施，企业可以营造一个高效、协同、有序的工作环境，从而推动项目的顺利完成和企业的长期稳定发展。

5. 超级组织能力造就常胜将军

管理是环环相扣的体系，做好了企业的基础工作之后，千亿公司就变成了人才的大舞台。前文我们讲述的流程组织的构建和管理，其实就是企业做好了基础工作。

千亿公司发展过程中，不可避免地会遇到各种难题和挑战。然而，正如古人所言："天将降大任于是人也，必先苦其心志，劳其筋骨。"在战略执行的艰难时刻，恰恰是企业进行人才管理的最佳时机。

当从事日复一日的平庸重复工作的时候，人才往往难以得到充分的展现。因为日常的运营工作，大多是按照既定的流程和规范进行，员工只需按照既定的模式行事即可。但是，当企业遭遇瓶颈，需要突破攻坚，进行"向上垂直攀登"的时候，那些真正的良将和人才，就会崭露头角。他们可以凭借自己的智慧、勇气和创新能力，为企业找到新的突破口，并带领企业走出困境。

有些千亿公司之所以能够人才辈出，良将如云，原因就在于它们懂得在"做难事"中培养人才。在这些企业中，挑战和困难被视为人才成长的催化剂。每当企业遭遇难题，它们都会鼓励员工积极面对，勇于挑战。通过解决难题，人才团队不仅能够提升自己的能力和技能，还能够获得成就感和自信心，从而更加认同企业的挑战行为。

在千亿公司之中，大家的管理体制都很优秀，都是流程制管理模式，那么问题来了，千亿公司的组织体系如何保持杰出？一个是挑战产业难题，

第五章　制度和流程让千亿公司拥有超级组织能力

一个是拥有具有杰出领导力的人才，二者结合，可以创造出一个顶级的知识管理机制。

流程制组织并不能保证企业能够取得更大的成功，也可能会陷入按部就班式解决问题的组织形态，最终在平稳经营一段时间后，被更具变革能力和创新能力的企业取代。已经被组织起来的企业集群，和杰出的企业家结合，是企业向上发展的二元化核心资源。二者结合起来，才是真正的跨周期的力量体系。

千亿公司选拔人才的制度体系是管理系统中非常重要的部分，一个优质的千亿公司往往要经过千百次的项目过程，而常胜将军就是在这样的项目里锻炼出来的。企业的选拔制度和用人制度，有很多人效管理人员对它们是混淆的，他们认为二者差别不大，但实际上用人制度有灰度，而选拔制度是基于价值观点的纯色行为。

在当下的经济现实中，低垂的果实都已经被人摘完了，无数精巧的商业模式设计，都是一种阶段性的商业行为。从一种商业模式到另外一种商业模式，实现产品卖法的改变，对于小企业来说，这是腾挪的方法和方法论，但对于千亿公司来说，拥有超级组织能力，拥有大量的专业团队，本来就不能在原地转圈，因此，千亿公司作为社会经济的生态结构的骨架主体，其创新和发展不仅关乎自身利益，更承载着推动社会进步和解决人类发展难题的重任。通过技术创新、管理创新等方式，大企业能够解决产业发展中的瓶颈问题，提高生产效率，推动产业升级。同时，大企业还应积极履行社会责任，关注环境保护、教育公平、贫困减少等人类发展难题，并通过自身的努力为社会做出贡献。

中小企业可以成为一个养活自己的小实体，但千亿公司注定是要挑战难题的。让世界变得更好和不同，这不应只是一种口号，而应成为企业战略管理体系的一部分。如何将挑战高峰的方式变成企业的管理系统，这是领导者的行为，也是管理者的行为。

关于"卡脖子"的问题，千亿公司创始人更需要去思考这样的问题和其和自己的关联。我们看到新的企业结构是这样的，企业不仅包含着自己的实体和员工，还拥有所有用户和潜在的支持者。很多人会将外部用户和支持者归入企业社区。千亿公司并非财富和规模一个维度，能不能获得市场的尊敬等，这些都是需要思考的问题。

解决产业难题和人类发展难题需要企业之间的合作与共赢。通过与其他企业、研究机构、政府部门等合作，企业能够共享资源、降低风险、提高效率。同时，这种合作还能够促进技术的交流和传播，推动整个产业的进步和发展。在华为，会不断资助产业研究项目，我们就看到和全球几百所大学所形成的对于产业难题的协作网络。

对于千亿公司而言，知识管理是个核心管理项目。企业的生存与发展不仅依赖其内部资源的有效整合和高效运作，更需要在全球范围内寻找和吸纳知识，以解决产业难题，实现技术突破。这个过程不仅是对企业内部知识网络的深度挖掘，更是对外部知识网络的广泛连接和充分利用。

企业的内部知识网络是其发展的基石，开放的知识管理需要形成制度化的网络。这包括企业多年来积累的技术经验、市场洞察、企业文化等无形资产。这些资产是企业独特竞争力的来源，也是解决产业难题的基础。然而，仅仅依赖内部知识网络是远远不够的，因为任何一个产业都面临着日新月异的技术变革和日益激烈的市场竞争。为了保持领先地位，企业必须具备足够的开放性和包容性，不断从外部汲取新知识、新技术和新理念。

企业的开放性体现在多个方面。首先，它需要积极与全球各地的企业、研究机构、高校等建立合作关系，共同开展技术研发和市场探索。这种合作模式不仅可以降低研发成本，缩短研发周期，还可以帮助企业获取最新的技术动态和市场信息。其次，企业还需要积极参与国际交流和合作，了解不同国家和地区的文化、法律、经济等方面的差异，以便更好地适应全球市场的变化。

在华为，余承东这样的常胜将军就是企业领导力的杰出代表。他以其卓越的技术背景、丰富的管理经验和卓越的领导能力，成功带领华为在手机、通信等领域取得了令人瞩目的成就。他不仅关注企业内部的技术创新和市场拓展，还积极与全球各地的合作伙伴开展深入合作，共同推动产业的发展和进步。

对于企业来说，拥有一个像余承东这样的领导者是非常幸运的。他能够带领企业冲破重重困境，实现产业突破，还能够激发员工的积极性和创造力，营造积极向上的企业文化氛围。在他的带领下，企业不仅能够解决当前的产业难题，还能够不断开拓新的市场和领域，实现可持续发展。

余承东在开展整个消费者事业部的过程中，依托华为强大的组织能力，在主航道技术基础上，建立供应链，构建核心技术，在资源聚焦的基础上，逐步建立了一个完整的生态，这是人类数字智能社会的基础设施工程，华为消费者事业部实现了这种跨越。依托对于产业节奏的把握，华为手机端，按照创业规律，先赢利，再用自己的赢利来支撑后续的发展，这种"以战养战"的方式，也堪称经典。余承东抛开了运营商发展独立业务，不依赖企业路径，找到了直接面向用户的新路径。

在自己的主管业务受到美国打压的时候，华为重组了自己的资源，重建知识网络和操作系统，在全世界都以为华为要破产的时候，华为以胜利者的姿态回来了。华为通过强大的组织能力，重新回到主流市场，而其中最关键的就是3个核心点：常胜将军、组织能力和知识网络管理。

第六章
人才团队和超级运营力

1. 从人才团队到人才梯队

人才的成长，是激动人心的事情，千亿公司的本质就是经营人才，超级运营力的形成，不过是"众神归位"的过程。当企业发展到一定程度，团队的形态就会发生变化，转变为不断成长的人才梯队。在千亿公司中，干部问题被单列一条线，是个单独的通道问题。

企业组织从团队成长为梯队，意味着其职能也主要从完成团队协作演变成为企业源源不断地培养人才，从而促使企业运营系统不断更新和完善。

关于千亿公司人才梯队的培养，是个系统工程，但有一个核心，就是制定目标和标准之后，要保证组织体系中的团队能够自主工作，工作有底线，无上限。

随着标准的流程管理模式逐步成熟，企业的效能管理领域已经做到了数字化协同的高水平，在我们观察的案例中，千亿公司的协作水平普遍较高，因此，在本文中，我们谈及的不是普通的常态的人效管理，而是带动企业向更高层级飞跃的"战略人效管理"，这是一个战略人才群体和经营人才群体的合一经营体系。人才梯队的构建，是一件严肃的事情，往往需要创始人亲自抓，这件事关系着运营成果，也关系着企业命运。

我们再次回到价值观引领者的角色设定，人才梯队中的实际内容，是领导者和管理者的合一模式。管理者引导团队人才实现预定的目标，谁在进度上落后，就去支持赋能谁实现目标；谁超越了目标，就需要变成一种行为模式，推广给所有人。人才梯队的另一个潜台词就是企业需要转变为学习型组织。

自主工作，然后按照战略执行进行交付成果的团队，在这些企业内越来越多，这就是大企业持续成功的人才梯队密码。在超大型企业组织中，自主工作的团队越多，主动性和内驱力越强，企业的运作往往就越成功。

在价值观管理中，建立管理的边界是关键，经营行为都有明确的边界。企业要明确哪些行为是符合其价值观的，哪些行为是不被允许的。这些行为边界通过企业的规章制度、文化宣言等形式明确表达出来，成为员工行动的准则。在决策过程中，企业会考虑其价值观的影响，以确保决策符合企业的长远利益和核心价值观。这种决策边界有助于避免短视和偏离企业目标的行为。企业会鼓励开放、透明和积极的沟通，但同时也会设定一些沟通边界，如尊重他人、避免恶意攻击等。这些边界有助于维护企业的和谐氛围和团队精神。在鼓励创新的同时，企业也会设定一些创新的边界，如确保创新符合企业的战略方向、遵守法律法规等。这些边界有助于避免盲目创新和不必要的风险。

如果说千亿公司也会培养接班人，那培养的方式可能和中小企业不同。才能、自我管理能力和企业价值观吻合的人，是企业人才梯队需要的，为此，建立了行为边界、决策边界、沟通边界和创新边界。通过建立这些边界，价值观管理为企业创造了一个有序而富有活力的环境。在这个环境中，员工可以自由地发挥自己的才能和创造力，但同时也要遵守企业的价值观和行为准则。

人才盘点是千亿公司的常态，企业需要知道自己的核心能力在哪里，在明确企业的长期和短期战略目标时，实现目标和能力的匹配。对能力体系的评估，核心能力（如创新、诚信、价值观）、通用能力和专业能力需要纳入激励体系。针对每个岗位，建立胜任力模型，明确岗位所需的核心能力、通用能力和专业能力。

关于人才梯队的培养，每一个企业都有自己的独特风格。以家电品牌美的为案例，我们能够看到在这个产业赛道中，它们对于人才梯队的系统认识。美的集团有明确的人才梯队培养目标，主要分为两个方向：一个方向面向专业，主要培养产品技术和产品流程管理人才；另一个方向是根据全球市场的不同场景，培养具备全球视野和国际综合运营能力的复合型人才。

美的集团有明确的人才梯队构建体系，它构建了从新员工到中高层管理人员的人才梯队体系，明确了各级人才的培养方向和发展路径。通过岗位轮换、内部竞聘等方式，为员工提供了更多的发展机会和挑战，并激发了员工的潜力和创造力。集团建立了科学的绩效考核体系，将员工的绩效与薪酬、晋升、培训等方面紧密挂钩。绩效考核不仅激励了员工不断提升自己的能力和业绩，同时也为企业选拔优秀人才提供了依据。

美的集团还有一个很有意思的举措，就是建立了人才导师制度，即在大规模的数字培训的基础上，模仿瑞士表制造行业的"师徒模式"，让徒弟在和导师面对面的交流中，获得潜知识的传递。按照人才梯队不同的培养要求，完善的导师制度为新员工和潜力员工配备了经验丰富的导师。导师不仅提供业务指导，还关注员工的职业发展和心理成长，帮助员工解决工作和生活中的问题。

在千亿公司中，一定会有一群从一线打出来的常胜将军，出色的过程管理和流程管理需要大量感觉敏锐的经营人才。让这些经营人才带徒弟，确实是个好方法。

这里又回到了一个古老问题：伯乐重要还是千里马重要？站在千亿公司的视角，这些企业都是拥有几万人甚至10万人的组织，需要多层次的伯乐和多层次的千里马。一个企业绝不能只有一个伯乐，管理者和领导者必须都是伯乐，在管理层级中，一级压一级，埋没人才压制人才的事情，其实是在拿企业命运开玩笑。

"教会徒弟，饿死师父"的内部竞争如何化解，都是需要机制去解决的问题。格局放大，需要经历痛苦，这不是管理学，这是人性。

在一些世界级企业之中，高层次人才都有一段或者几段被"流放"的痛苦经历。任职资格和能力没有问题，激励系统也没有问题，但缺少了"流放"的经历，也是失去了深度思考自己人生的机会，"流放"可以让他们在面对压力、挑战时能够保持冷静、乐观的心态。

在中小企业中，战略执行就是完成数量目标，它们不会去总结完成目标的过程中经历了什么，积累了什么。单一的财富数字会误导人，这是单向度的管理思维，对于企业的发展是贻害无穷的。

千亿公司的战略执行过程，是完全不同的思维方式，那就是：战略执行与人才管理深度融合，将一流的人才放到一线去锤炼。把人才放在别人不能解决或者很难解决的难事里，让他自己爬出来。爬出来之后就是"功成名就"，对于高层次人才来说，经历重重困难之后，追求的目标已经是超越性的了，不会仅停留在财富的满足上，而是进入了自我人格完善的更高通道，这就达到了价值观领导者的心灵境界。

那些在前线打胜仗的人，不仅是企业的顶尖战士，更是企业的珍贵资产。企业的战略执行不仅是一纸计划书，还是一种动态的、不断进化的过程。这一过程需要与人才管理深度融合，以确保企业在复杂多变的市场环境中保持竞争力和创新能力。

痛定思痛，经过几轮生死挑战，矢志不改，将难题当常态的人，才有资格成为梯队的良将，才有资格成为核心团队成员或者接班人。

2. 高效运营的策略和方法

历史学者黄仁宇在描述历史的时候，认为东西方历史的不同之处，在于西方社会治理是导入"数目字管理"。很多人认为数字量化管理是技术，不足以描述历史，但一个理性的组织，肯定是构筑在可以量化的基础之上的，一笔糊涂账是无法经营企业的。

私有产权界定、对于市场的认知和统计以及货币金融的系统结算，甚至司法系统也是建立在量化理性的基础之上的。财务制度是建立起分布式经营的基础，支撑全球化大公司运营的系统是完整可衡量的财务制度。而组织信用、无形知识产权和人才资产、自主性工作等内容，也需要用一定的量化方式，进行衡量。

在全球化的今天，千亿公司的运营体系正经历着前所未有的变革。随着数字基础设施的完善，特别是大数据、云计算和人工智能等技术的广泛应用，量化组织和数字化组织的变革正在深度融合，共同塑造出一种全新的、数据驱动的经营形态。这种变革不仅重塑了企业的运营模式，也为企业的发展注入了新的活力。

我们需要观察一些传统企业的经营，核心团队对于整个企业的掌控技术和掌控感，显得十分重要，因为如果一个领域失去了数据掌控，就意味着它变成了失控区域，也就意味着管理的失败。传统的公司组织形态往往被视为一个"算账"的组织，这是因为定量分析在企业运营中扮演着至关重要的角色。无论是制定市场策略、优化生产流程，还是评估项目风险，定量分析都是企业决策的重要依据。这种以数据为基础的决策方式，使得企业能够在复杂多变的市场环境中保持清醒的头脑，做出明智的决策。

在50年之前，我们如果走入一家跨国公司的总部，就会发现他们的办公室里，会有一幅简易的企业运营全景图。企业内部运营的重要数据，会被分列出来，可能会有几十类不同经营数据，被放在一张图上，数据会一星期甚至更短的时间更新一次，以让经营管理者能够发现数据的变化情况，并能够实现对于企业的整体掌控。事实证明，即使如此简单的数字全景运营图，也会对企业的健康运营产生很好的正向影响。

现在，一家路边超市的运营系统，也比40年之前沃尔玛拥有的卫星数字运营系统更加先进直观。数字化组织的变革，正在逐步改变企业的运营结构和组织结构。传统的塔式结构逐渐被分布式的协作网络结构取代，这就让企业的沟通效率得到了极大的提升。这种变革的背后，是数字共享能力的强大支撑。

数字共享能力，是指企业通过数字化手段，实现了内部信息的高效流通和共享。在数字共享能力的支持下，企业能够迅速地将各类信息整合起来，形成全面的数据资源。这些数据资源不仅可以为企业决策提供有力的支持，还可以帮助企业优化运营流程，提高生产效率。更重要的是，数字共享能力打破了传统的层级壁垒，使得企业内部的沟通变得更加便捷和高效。在数字共享能力的推动下，大型企业开始实现组织扁平化。传统的中间管理层被大量削减，企业的决策层和执行层之间的距离被大大缩短。这种扁平化的组织结构，使得企业的决策更加迅速和灵活，并让其能够更好地适应市场的变化。同时，由于减少了中间环节，企业的沟通效率也得到了很大的提升。员工之间的协作变得更加紧密和高效，企业的整体运营效率也得到了显著的提高。

高效运营的策略和方法，主要就是通过加快信息的流动，让企业成为信息驱动、数据驱动、知识驱动和价值观驱动的组织，用信息流控制物质流、财务流。数字化组织使得企业能够更好地应对市场变化。通过实时收集和分析市场数据，企业能够迅速发现市场趋势和机会，并制定相应的市场策略。这种快速适应市场变化的能力，是企业保持竞争力的关键所在。数字化组织还能够提升企业的创新能力。在数字化时代，创新已经成为企业发展的重要驱动力。数字化组织通过打破传统的思维模式和组织壁垒，鼓励员工积极参与创新活动，推动企业不断向前发展。同时，数字化组织还能够提供更加丰富的创新资源和技术支持，这就为企业创新提供了有力的保障。

我们在观察千亿公司的高效运营系统的时候，会发现这些企业的运营方式都有一个原型，这就是军事上的信息中心战模式。这种作战模式的核心在于通过信息优势实现快速、高效的决策和行动,从而取得战争胜利。同样,企业也可以借鉴这种模式来提高其运营效率。阿里巴巴、亚马逊、京东、拼多多等企业,均采用这种模式开展复杂的平台业务。

网络中心战的核心思考,是强调信息优势的重要性,我们总说认知领先,事实上它需要全景信息的支撑。同样,在企业运营中,信息的及时、准确获取对于做出明智的决策至关重要。因此,企业应建立高效的信息系统,确保信息的快速流通和准确传递,以便管理层能够基于最新信息做出决策。

企业想要实现高速运营,最重要的事情就是实时感知。我和我的团队进入一家全球千亿公司品牌考察,发现在企业信息中心的大屏幕上,全球6000家店铺和网络商铺、所有零售商品的型号和数量会在一分钟的时间内同步到总部的系统中。企业可以建立跨部门协作机制,打破信息壁垒,确保各部门之间的顺畅沟通,以便更快地响应市场变化和客户需求。信息中心战模式通过信息共享和态势感知实现了快速有效的决策。企业可以借鉴这种快速响应机制,通过优化内部流程和加强团队协作,加速决策过程。

其实,不仅仅外部信息能够被实时感知,企业内部信息也能够被实时感知,企业可以进行分布式协同,以提高资源利用效率。信息中心战模式通过优化资源配置和减少重复性工作来提高作战效率。企业也可以借鉴这种理念,通过优化资源配置、减少浪费和提高资源利用效率来提升运营效率。例如,企业可以采用精益生产等管理工具和方法,通过减少生产过程中的浪费和不必要的环节,提高生产效率和质量。

数字信息化实时运营模式,可以及早发现问题,进行过程控制,减少运营风险。信息中心战模式在战争中注重风险管理和控制。同样地,企业在运营过程中也需要关注风险管理。通过建立风险管理机制,企业可以识别、评估和控制潜在的风险因素,减少不必要的损失和风险。此外,企业还可以通过建立应急响应机制,对突发事件做出迅速响应,以保障企业运营的稳定性。

数字化组织的变革还有助于企业提高客户服务质量。通过数字化手段，企业能够实时收集和分析客户数据，了解客户的需求和偏好，并为客户提供更加精准和个性化的服务。这种以客户为中心的服务理念，不仅能够提升客户的满意度和忠诚度，还能够为企业赢得更多的市场份额和竞争优势。企业可以通过优化内部流程、提高决策效率、加强风险管理和控制等方面，提升其运营效率和市场竞争力。

3. 千亿公司是一台学习机器

市值千亿元的巨头公司，无疑是舞台上最耀眼的明星。然而，即便是这些站在巅峰的企业，也面临着诸多未知的挑战和不确定性。市场风云变幻、技术日新月异、消费者需求不断升级，这些使得这些巨头必须时刻保持警惕，寻求新的生长点和稳定机制。将自己的企业打造成一台学习机器，是所有可持续发展模式的基础工程。

当面对不确定的市场环境时，企业不再满足于过去的成功模式，而是选择将自己重塑为一种无边界的学习型组织。这种学习型组织不再受传统框架的束缚，能够灵活地吸收来自四面八方的知识和经验，无论是来自行业内的领导者，还是那些看似微不足道的中小企业，足够的开放性是走向未来的必然之路。乔布斯说过一句话："世界就是我们的实验室。"

成为一台"学习机器"，看似跟运营系统关系不大，但其实学习型组织和运营系统本身就是合一的体系，组织成长和运营系统的升级是一体两面的事情。知识管理，成为这些千亿公司应对外部经营环境不确定性的关键武器。有效的知识管理则能够让这种力量得到最大化的发挥。因此，千亿公司通常都会投入大量的人力、物力和财力，来建立起一套完善的知识管理体系，以确保企业内部的每一个员工都能够快速、准确地获取到所需的知识和信息。

新的运营系统不仅仅停留在 KPI 绩效考核上，而是在保留业绩线的基础上，不断寻找超越性的力量，这种超越性的力量只能是在知识拓展和获取上。这种知识管理的灵动性，不仅体现在对外部知识的吸收上，更体现在对内部知识的整合和再利用上。千亿公司通过构建开放、共享的企业文化，鼓励员工之间的交流和合作，将各自的专业知识和经验进行分享和传承。这样一来，企业内部的每一个员工都能够成为知识的创造者和传播者，并为企业的发展贡献自己的力量。

千亿公司的经营系统，不必总是盯着全球大企业，其实，中小企业照样可以成为学习的对象。比如，华为就曾派出专门团队，跟西贝餐饮学习社群建设的经验，这种本土化的社群建设，对于"花粉"社群建设同样具备很好的借鉴价值。开放式的学习不必拘泥于门户之见，谁有长处，就向谁学习。每一个企业都有其独特的优势和价值，无论是那些在市场上占据主导地位的大企业，还是那些在某个领域拥有独特技术的中小企业。因此，千亿公司选择了一种更加开放和包容的学习态度，不仅向大企业学习，也向那些单点杰出的中小企业学习。

这些中小企业或许规模不大，却在某些领域拥有独特的技术和优势。通过向这些中小企业学习，千亿公司能够获取到更加细致、深入的行业知识和经验，进而将这些知识和经验转化为自己的竞争优势。同时，它们也能够将这些中小企业的优势与自己的优势进行结合，形成更加完整和强大的企业链式竞争能力。

这种链式竞争能力，不仅能够帮助千亿公司应对外部经营环境的不确定性，还能够为它们带来更加广阔的市场空间和更多的商业机会。在这个全球化的时代，任何一个企业都无法独自应对所有的挑战和机遇。只有通过建立紧密的合作关系，形成强大的企业链式竞争能力，才能够在这个竞争激烈的市场中立于不败之地。

关键一点，很多中小企业的经验往往很有实战性，千亿公司可以拿来即用，这种随时能够加强运营系统的行为，正是千亿公司保持活力的主要原因。这种无边界的学习型组织和知识管理的灵动性，已经成为它们发展的一项基础工程。管理者深知，只有不断地学习、创新和改进，才能够保持自己在市场中的领先地位和竞争优势。因此，他们将继续致力构建更加完善的知识管理体系和更加开放的企业文化，以应对未来更加复杂和多变的市场环境。

作为千亿公司的高管梯队成员，必须是一位终身学习者。马斯克一个月要阅读60本书，比尔·盖茨一周能读14本书，任正非也花了大量时间阅读，书作为人类知识的载体，是他们的领导企业继续发展的源泉。这就正应了网络语言中的那句话：聪明人可怕，勤奋的人可怕，聪明又勤奋的人更可怕。

在当前的商业环境中，对于千亿公司来说，其战略决策部门以及核心团队成员的角色和职责已经发生了深刻的变化。

过去，CEO和核心团队往往习惯于为企业的未来发展设定一个明确的方向，给出标准答案，要求员工们按照这些答案去执行。然而，随着市场的快速变化和竞争的日益激烈，这种传统的战略管理逻辑已经难以满足企业持续发展的需求。

过去，企业高层习惯于扮演决策者和执行者的双重角色。他们凭借丰富的经验和敏锐的商业洞察力，为企业制订出看似完美的战略方案，并期望员工们能够无条件地执行。然而，这种"听话照做"的模式在实践中往往面临着巨大的风险。因为市场环境是复杂多变的，任何一次意外的变化都可能导致企业战略的失效，甚至引发严重的后果。

现在，随着学习型组织的兴起，企业高层对于战略管理的认识已经发生了根本性的转变。他们不再将自己视为唯一的决策者，而是将更多的权力下放给了基层员工，让他们也能参与战略制定和执行的过程。高层管理者开始意识到，真正的智慧并不只存在于高层，而是分散在企业的各个角落。因此，他们开始转变自己的角色，从"给出答案"转变为"提出问题"。

在这种新的战略管理模式下，高层管理者不再直接告诉员工们应该怎么做，而是提出一系列具有挑战性和启发性的问题。这些问题旨在激发员工的思考能力和创新精神，让他们能够根据自己的经验和知识来为企业的发展出谋划策。通过这种方式，企业内的每个人都成了答题人，他们的意见和建议都被视为宝贵的资源。

当然，这种新的战略管理模式并不意味着企业不再需要标准答案，而是在强调寻找阶段性问题的最佳答案。因为在一个不断变化的市场环境中，没有任何一个答案能够永远适用。只有不断地提出问题、思考问题和解决问题，企业才能够在竞争中保持领先地位。

同时，这种新的战略管理模式也要求企业高层具备更高的领导力和智慧。他们需要能够准确地把握市场趋势和竞争态势，提出具有前瞻性和针对性的问题。他们还需要具备强大的沟通能力和协调能力，要能够激发员工的积极性和创造力，让他们愿意为企业的发展贡献自己的力量。

对于千亿公司来说，他们需要由过去那种"给出答案"的传统模式，转变为"提出问题"的新型模式。只有这样，企业才能够在激烈的竞争中保持领先地位，实现持续稳健的发展。

第六章 人才团队和超级运营力

4. 敢于争抢天才和天才团队

从现在全球市场的一般情势分析来看，千亿公司的创始人不能再满足于做"正确的战略者"了，他的领导力体现在回到企业的基础假设，寻找到正确的发展思想。比如，我们这个时代，企业最基本的驱动力引擎是什么？这个问题有多种答案，那些在他们的答案基础上产生正确管理思想的人，往往是合格的领导者。

通过对于全球顶级企业的观察，我们发现，它们都视人才为企业最宝贵的财富，并且围绕着这一中心去构建企业的基本制度、基础规则。当它们开始运行这种机制和文化价值观的时候，就意味着它们真的能够将资源向人才这种资产倾斜，并致力人才质量的提高，致力人才这种特殊资产的增值。他们认为"知本主义"才是商业世界的本质，也是企业战略效能管理的本质。

是"知本"主宰"资本"，还是回到资本决定一切的逻辑？如果逻辑不同，企业的发展理论就会不同。资本主宰的企业，当企业遭遇困境，市场地位下滑时，往往会面临一系列的资源调整与成本控制问题，而人力资源的优化往往成为其中的重要一环。然而，这种"向下走"时的人才策略，是否真正符合企业长期发展的需求，值得我们深思。一些企业可能会选择减少员工数量或者降低员工的薪酬福利待遇，以应对财务压力。这种策略在短期内或许能为企业带来一定的喘息空间，但从长远来看，却可能会对企业造成难以挽回的伤害。

企业因短视而放弃或流失了这些宝贵的人才，其未来的竞争力将大打折扣。企业的形象与品牌也会因此受损。一个频繁裁员、降低福利待遇的企业，很难在员工和市场上树立起良好的形象，这对于企业的长期发展是极为不利的。

以硅谷的"独角兽"企业为例，它们之所以能够在全球范围内保持领先地位，很大程度上得益于其独特的人才战略。这些企业不仅在招聘时注重人才的潜力和创新能力，还通过提供丰富的培训和发展机会、建立激励机制等手段，吸引和留住了一大批优秀人才。这些人才不仅为企业带来了技术的突破和市场的拓展，还为企业的发展注入了源源不断的动力。

杰出的运营系统依托杰出的创造系统，三流创意卖到一流价格是一种过度营销，唯有一流的创新才能够产生一流的运营，这是一体的东西。马斯克作为企业的总工程师，一直在全世界挖掘天才，并且让天才们在一起工作，通过不断产生思想碰撞来创造奇迹。聚集世界最优秀的人在一起工作，是千亿公司成功的核心秘诀。

硅谷"独角兽"企业的人才战略，是美国科技强盛的密码。如果仔细观察这些企业的制度设置，特别是在技术工程领域进行的人才设置，就会发现留有许多特殊的人才通道，企业一旦发现人才，就会不惜代价去争取。而在争取的过程中，它们不会拘泥于漫长的审批流程，而是会"不拘一格降人才"。一人可顶千军万马，这便是人才在企业发展尤其是在技术工程领域所起的作用。

在企业管理中，良将和强兵的思考永远是一个重要的哲学问题。强兵可以通过系统的培训和严格的选拔机制来培养，但良将却需要更多的天赋和内在驱动力，他们往往是那些能够在关键时刻挺身而出、引领团队走向胜利的人。因此，企业在选择和管理人才时，不仅要注重他们的能力和素质，还要关注他们的性格特点和价值观是否与企业的文化和发展战略相契合。技术工程领域人才难得是有原因的，企业在激励系统中，一定要拉开差距。

系统的知识创新已经成为千亿公司的主战场，企业的成功往往不仅依赖资金、技术和市场策略，更重要的是拥有一支战斗力强、敢于创新的团队。"良将是兵魂，雄兵是将胆"，这句话深刻地揭示了企业经营管理中人才与领导者的核心作用。当我们从军事视角来看待一个组织的战斗能力时，不难发现，一流的开拓性事业需要企业派出奇兵，这些奇兵便是那些拥有独特才能和创新思维的天才。

一个千亿公司，其发展周期往往经历了从初创期的艰难摸索，到成长期的快速扩张，再到成熟期的稳健运营，最后可能会面临转型期的挑战与机遇。这样的企业拥有丰富的发展经验和深厚的底蕴，它们更懂得如何运用人才和领导力去应对各种复杂的商业环境。华为的"力出一孔"，用重兵，就是这种突破的具体案例。

在面临看似不可能完成的"向上攀登"项目时，这样的企业首先会重视人才群体的建设。天才团队不仅是一群人的集合，更是一个拥有共同目标、相互信任、协同作战的有机整体。对于天才的管理体系是最难的，但也可能是最接近突破性成果的，因此，我们看到在华为确实有少数天才是在喝咖啡，而绝大多数人在前线流血汗，但仔细思考，二者都有价值，不过价值突破的方向是不同的，灰度思维就体现在对于人才的包容上。

良将能够带出"嗷嗷叫"的团队，这是良将的价值，他们往往拥有和天才共事的能力。仅有天才团队是远远不够的。领导者在"向上攀登"项目中扮演着至关重要的角色。一个优秀的领导者应该具备敏锐的市场洞察力、坚定的信念、果断的决策能力和卓越的领导能力。他们需要能够准确把握市场趋势，为企业制定正确的发展战略；他们需要能够在关键时刻挺身而出，为团队指明方向；他们还需要能够激发团队成员的潜能，让每个人都能发挥出自己的最大价值。

领导者还需要善于协调内外部资源，为项目的顺利推进提供有力保障。他们需要与供应商、客户、合作伙伴等各方建立良好的关系，以争取更多的支持和帮助；他们还需要关注政策、法律等外部环境的变化，以及时调整企业的战略和计划。

当千亿公司回顾自己的发展历程的时候，一定会发觉每一个突破节点，其实都是人才的胜利。只有从企业价值观层面认识到这一点，才会真正尊重人才，将人才看成企业的核心资产，而不是使用完可以抛弃的工具。

5. 构建超级品牌用户社区

如果说天才战略是"向上捅破天"的一种经营战略，那么构建超级品牌用户社区则是一种"圈地运动"，即以用户为中心，以产品聚集用户为目的，实现用户社区化。企业的用户社区可以被看成一座建设在网络上的城市，是基于用户的生活构建的商业系统。用户社区已成为企业连接消费者、传递品牌价值、收集市场反馈的重要渠道。小米作为一家全球知名的科技公司，其用户社区构建的战略和实施进程备受业界关注。

在数字化时代，千亿公司更是深知，要想在激烈的市场竞争中站稳脚跟，除了拥有卓越的产品和服务外，还需要重视用户社区的建设。我们所处的这个时代，流量经济盛行，它像新鲜的啤酒泡沫一样，迅速膨胀，又迅速破灭。流量的确能为企业带来短暂的辉煌，但那种风光往往是一时的。真正的长久之计，是如何将流量转化为用户，如何将用户沉淀在社区中，形成稳定的用户群体。这正是当前许多大公司一直在思考的问题。

在数字化营销的大背景下，如何有效地将用户沉淀在社区中，成为各大企业的重要课题。数字化营销以其独特的优势，如低成本、高效率、覆盖面广等，为企业提供了一个全新的营销渠道。通过数字化营销手段，企业可以更加精准地定位目标用户，提供更加个性化的服务，从而吸引用户的关注和参与。要想真正将用户沉淀在社区中，还需要通过连续提供有价值的免费服务来固定用户的消费行为。这些服务可以是与产品相关的增值服务，也可以是与用户需求紧密相关的其他服务。通过不断提供有价值的服务，企业可以逐渐建立起用户的信任和忠诚度，使用户更加愿意留在社区中，成为企业的忠实用户。

以小米为例，小米用户社区的战略定位就是建立一个以用户为中心、以价值共创为核心理念的社群。小米创始人雷军深知，只有真正了解用户的需求和期望，才能提供更加符合用户需求的产品和服务。因此，小米通过社群平台与用户建立了深度连接，不断收集用户的反馈和建议，并将这些反馈和建议转化为产品创新的原动力。同时，小米还通过社群平台向用户传递品牌价值，让用户更加深入地了解小米的品牌理念和产品特点。

在小米创办之初，在小米用户社区中，用户可以自由交流、分享使用心得、提出改进建议等。这种开放、平等的氛围使得用户更加愿意参与社区的互动，成为社区的活跃分子。小米也通过不断举办各种线上线下的活动，如新品发布会、粉丝见面会等，进一步拉近了与用户的距离，增强了用户的归属感和忠诚度。

除了提供有价值的服务和建立深度连接外，小米还注重将用户转化为品牌大使。品牌大使是最新的品牌运营理论，也是最新的品牌运作实践，这是飞利浦·科特勒营销理论的一种拓展，是一种用户自推广的品牌营销策略。在小米用户社区中，很多用户因为对小米产品的喜爱和信任而成为小米的品牌大使。他们不仅在社区中积极分享自己的使用心得和感受，还向身边的人推荐小米产品，为小米品牌的传播和推广做出了贡献。这些品牌大使的存在不仅为小米带来了更多的潜在用户，还进一步提升了小米的品牌形象和美誉度。

用户社区在当今的数字化时代扮演着举足轻重的角色。它的好处远不止于一个简单的交流平台，更是企业与客户之间深度互动和共同发展的桥梁。当用户社区被有效运用时，它所带来的价值将远超传统的传播模式。最终，用户社区会成为一个巨大的生活社区，品牌信任会顺势延展，很多消费品的购买都会在一个社区里被完成。

用户社区的互动特性使得企业和用户成为一个紧密的整体。在传统的营销模式下，企业往往通过广告、宣传等手段向用户传递信息，但这种方式往往缺乏直接的反馈渠道。而在用户社区中，企业可以通过数字化平台与客户进行实时互动，收集客户的反馈和意见。这种直接的沟通方式不仅提高了信息的传递效率，还使得企业能够更准确地把握市场动态和客户需求。

用户社区的互动有助于企业更好地理解客户需求，从而改进产品和服务。在用户社区中，客户可以自由地发表观点和建议，这些宝贵的反馈对于企业来说具有极高的价值。企业可以通过分析这些反馈，了解客户对产品的真实需求和期望，从而对产品进行有针对性的改进和优化。同时，企业还可以根据客户的反馈，发现产品的潜在问题和缺陷，并及时进行修复和完善，从而提高产品的质量和性能。

参与会给予用户一种主人的地位，有些人甚至会成为意见领袖，一同参与社区活动。在传统的营销模式下，客户往往只能被动地接受企业的产品和服务，很难有直接的参与感和满足感。而在用户社区中，客户可以积极地参与产品的开发和改进过程，与企业共同创造价值。这种参与感和满足感不仅提高了客户的忠诚度，还使得客户更愿意为企业的产品和服务进行宣传和推荐。用户社区在产品开发过程中发挥着重要作用。通过用户社区收集的客户反馈和意见，企业可以更加精准地把握市场需求和趋势，从而进行有针对性的产品开发。同时，用户社区还可以为企业提供大量的创新灵感和创意来源，帮助企业打造出更加符合市场需求和客户期望的产品。在这样的产品社区里，企业可以完成集成产品开发，通过集思广益，大大降低新品错配场景而导致的产品开发失败的可能性。

小米提供战略级别的数字渠道，建立数字平台，为600家以上的企业提供数字化方案，所有新加入的企业都冠以小米品牌，形成了"将所有产品卖给一个人"的生态品牌模式，用户达几亿人。这种独特的战略模式被称为竹林战略，其不仅展现了小米对于市场趋势的敏锐洞察，更体现了小米对于未来数字化生态的深远布局。

竹林战略，顾名思义，灵感来源于自然界中竹子的生长模式。竹子以其强大的根系为基础，通过横向和竖向的双向发展，最终形成了茂密的竹林。小米正是借鉴了这种生长模式，通过其强大的主根系——小米手机及网络的根基特性，构筑了一个三维的品牌数字化空间。

在小米的竹林战略中，主根系的重要性不言而喻。小米手机作为小米生态的基石，凭借其卓越的性能和创新的设计，赢得了全球数亿用户的青睐。而小米的网络布局则将这一优势进一步放大，无论是智能新能源汽车、物联网、智能家居还是移动互联网，小米都凭借其强大的技术实力和创新能力，打造了一个完整的数字化生态体系。

在横向扩张的空间里，小米模式类似竹根一样不断向外延伸，触及各个领域。这些领域可能是与小米核心业务紧密相关的智能硬件、智能家居等，也可能是与小米有着一定关联的电商、金融等领域。小米通过不断扩展其业务领域，不仅为用户提供了更加丰富的产品和服务，也为其自身的发展注入了新的动力。

而当春天到来时，这些横向扩张的竹根便开始发挥其巨大的潜力。无数的竹笋从地上冒出来，以非常快的速度生长，形成了茂密的竹林。在小米的生态中，这些"竹笋"就是小米投资或合作的企业，它们借助小米的品牌影响力和技术实力，迅速实现了业务的增长和突破。同时，这些企业的加入也进一步丰富了小米的生态体系，为小米的用户提供了更加多样化的选择。

小米的竹林战略之所以能够保持如此高的发展速度，与其作为移动互联网公司的本质密不可分。在移动互联网时代，速度和效率是企业生存和发展的关键。小米通过数字化平台的建立，实现了与用户的实时互动和快速响应，为用户提供了更加便捷和高效的服务。同时，小米还利用数字化平台对市场需求进行精准分析，不断优化产品和服务，以满足用户不断变化的需求。

通过整合各个领域的资源，小米形成了一个完整的数字化生态体系，为用户提供了从硬件到软件、从线上到线下的全方位服务。这种生态品牌的创建过程不仅体现了小米对于未来数字化生态的深远布局，也展示了其作为一家世界级科技公司的实力和影响力。

小米的竹林战略的制定并非一蹴而就，是分几个战略阶段完成的。其巨大的系统协同能力背后是数百亿元资金的投入和整个手机产业链的调动。小米从价格竞争者入手，通过降低整个手机产业链的成本，赢得了数亿用户的青睐。同时，小米还通过不断投入研发和创新，推动了整个产业链的升级和发展。这种打法不仅让小米在竞争激烈的市场中脱颖而出，也为其未来的发展奠定了坚实的基础。小米的社区建设，为中国其他企业的发展提供了一个经典的范例。

6. 超级运营力决胜在终端

娃哈哈创始人宗庆后是一位生活简朴、为事业奋斗一生的企业家。一家品牌若要追求长久的战略发展，其必定要与国家的商业系统紧密相连，形成不可分割的共生体。这种共生关系不仅体现了品牌对于国家经济发展的贡献，也展现了品牌自身成长的坚实基础。以娃哈哈集团为例，这家30多年的企业，其发展历程就是一个生动的例证。

娃哈哈集团从最初的小作坊生产到如今的庞大规模，其每一步都深深烙刻着国家商业发展的印记。当我们谈及娃哈哈的荣耀时，往往会想到它生产的那些畅销全国的饮料、食品以及遍布各地的工厂。宗庆后在谈及企业成就时，提及最多的便是那张由1万多家经销商、几十万家仓储批发商、几百万个销售终端共同编织而成的"联销体"网络。

这张网络，不仅是娃哈哈集团商业布局的具体体现，更是中国快消产品供应链水平的缩影。它像一张巨大的毛细血管网，深入全国的一线到四线城市，甚至触及偏远的县镇乡村。一个个经销商、一个个仓储批发商、一个个销售终端，作为一个个节点，组成了完整的企业供应链网络。

宗庆后和他的管理团队，正是这张网络的编织者。他们凭借敏锐的商业洞察力和不懈的努力，将娃哈哈的品牌影响力拓展到了全国每一个角落。他们深知，品牌的发展离不开国家社会经济的大背景，只有将品牌融入国家的发展大局，才能实现真正的长远发展。

零售终端就是最大的消费场景，每一个人在中国的任何地点，走进附近的超市和小店铺，都会有娃哈哈的产品陈列，这个营销网络已经和国家零售经济实现了同构。宗庆后曾多次说出"我将无我"的事业状态，这大概就是一家千亿公司理解的商业责任和社会责任的统一。

"我将无我"的发展形态，正是娃哈哈集团与国家商业系统深度融合的最好诠释。这种发展形态，要求品牌不仅要关注自身的利益，更要关注国家的利益、社会的利益。只有当品牌与国家、社会形成利益共同体时，才能实现真正的共赢。

在娃哈哈集团的发展历程中，我们可以看到许多这样的例子。例如，在贫困地区开展扶贫项目，帮助当地农民增加收入；在环保方面投入巨资，推广绿色生产方式；在社会公益事业上积极参与，传递正能量……这些行为不仅提升了娃哈哈的品牌形象，也增强了品牌与国家、社会的联系。

当我们再次审视娃哈哈集团时，将会发现这家企业不仅是一个拥有众多工厂和产品的传统制造型企业，更是一个拥有庞大品牌渠道和用户网络的现代企业。这种转变并非一蹴而就，而是娃哈哈几十年如一日的坚持和创新所铸就的。

我们要明确的是，娃哈哈的主导性战略资产并非那些容纳生产线的工厂，也不是宗庆后所积累的可计算的个人财富。这些固然是企业发展的基石，但真正让娃哈哈在市场竞争中脱颖而出的，是那张庞大无比的用户网络。这张网络是娃哈哈几十年来精心打造而成的，是品牌与消费者之间建立的深厚联系，也是企业持续发展的不竭动力。

在娃哈哈的发展周期中，我们可以看到3个明显的层级飞跃。第1个层级是创立一个赚钱的产品品牌。在创业初期，娃哈哈通过推出符合市场需求的产品，如饮料、食品等，迅速在市场上站稳了脚跟。这些产品不仅满足了消费者的基本需求，也为娃哈哈积累了宝贵的品牌声誉和市场份额。

娃哈哈并没有满足于现状，而是意识到，一个成功的产品品牌只是企业发展的第一步，要想在激烈的市场竞争中立于不败之地，还需要有更高的追求。于是，娃哈哈开始打造第2个层级：一个可以溢价几倍、几十倍的品牌资产结构系统。在这个层级中，娃哈哈不仅注重产品的品质和口碑，更注重品牌的塑造和价值的提升。通过一系列的品牌营销和战略合作，不断提升品牌的知名度和美誉度，最终娃哈哈成为一个家喻户晓的知名品牌。同时，娃哈哈还积极拓展产品线，推出了更多符合市场需求的新产品，从而进一步巩固了品牌的市场地位。

娃哈哈并没有止步于此。一个成功的品牌资产结构系统只是企业发展的中期目标，要想实现真正的可持续发展，还需要有更广阔的视野和更高的追求。于是，娃哈哈开始迈向第3个层级：成为一个和社会经济共生的品牌用户网络。在这个层级中，娃哈哈不仅是一个生产和销售产品的企业，更是一个连接消费者、经销商、供应商等各方利益的纽带。娃哈哈通过建立庞大的品牌渠道和用户网络，将各方利益紧密地联系在一起，形成了一个共生共荣的生态系统。在这个生态系统中，各方都可以受益，实现共赢发展。

娃哈哈在拥有出色的线下网络的同时，其数字化进程同样令人瞩目。通过引入先进的信息技术和数字化手段，娃哈哈不仅提高了自身的运营效率，还推动了整个价值链的高效运转。在数字化浪潮的推动下，娃哈哈实现了更高的价值链效率，使得整个价值链上的经营者，无论是生产商、分销商还是零售商，都能紧密相连，形成一个紧密的社会经济网络。这种网络化的运营模式不仅增强了企业的竞争力，还促进了供应链产业金融的高效运作，其效率远超一般经营水平。更重要的是，娃哈哈所经营的是一个品牌价值网络，这个网络为数十万家中小企业提供了一个生态型的价值空间，共同推动着经济的繁荣与发展。

娃哈哈的发展历程是一个不断追求创新和突破的过程。其通过打造庞大无比的品牌渠道和用户网络，实现了从产品品牌到品牌资产结构系统，再到品牌用户网络的3个层级飞跃。这种转变不仅让娃哈哈在市场竞争中脱颖而出，也为其他企业提供了宝贵的启示和借鉴。

第七章

千亿公司的资源整合和生态链构建

1. 利益共赢的供应链整合

资源整合是商业思维的基础，小到个人合作大到国家合作，整合思维都贯穿其中。企业在整个运营周期之内，要使用系统思维来解决问题。对于千亿公司来说，这是从"三五个人两三条枪"到庞大商业规模全周期，最为关键的观念系统。

想要构建千亿公司，必然要构建系统，小米现在的企业形态，就是一个构筑在数字社区基础上，由近1000家协作企业构成的生态网络，在这个生态网络中，有几百条生态链存活。这种复杂的经营系统是如何形成的？这是本章我们需要探讨的问题。

系统观念是具有基础性的思想和工作方法，对于庞大的千亿公司而言，每一个领导者都要认识到未来产业的系统性原则，企业和企业之间有着广泛的纽带。在新时代的商业竞争中，合作与竞争将交织在一起，形成一种复杂的竞争关系。巨人之间将更加注重合作与共赢，通过合作来共享资源、降低成本、提高效率。同时，它们也将保持一定的竞争关系，并通过竞争来推动整个行业的创新和进步。虽然这种合作与竞争的交织将使得商业竞争更加复杂和多元，但是更加有利于整个行业的健康发展。竞争对手并不是纯粹的竞争，而是彼此借鉴、互通有无的完整知识网络的一部分，竞争并非你死我活，而是为实现客户价值的最大化。

很多企业认为供应链管理是采购部门和物流的事情，但当我们深入探讨供应链管理的本质之后，不难发现这不仅是一系列简单的物流活动，而是一项涉及多个层面、多个环节的复杂系统工程。在中小企业眼中，供应链管理可能并未占据核心地位，它们往往更关注于直接的生产和销售。

然而，对于那些已经步入千亿规模的企业而言，供应链管理却成为企业竞争力的核心所在。它是企业背后强大的支持体系，是企业参与市场竞争的坚实后盾。而背后支撑企业运作的是资源整合商业模式，这是一个复合的战略协作网络。

供应链思维是典型的系统思维，作为一种重要的思维方式，它强调事物的结构性和层次性。在供应链管理中，系统思维要求我们不仅要关注单个的供应商、生产商或销售商，更要关注这些环节之间的关联方式以及这些关联方式如何影响整个供应链的运作。只有深入理解供应链的结构，我们才能更准确地把握其运作规律，进而优化和提升整个供应链的效率和效益。

以知名安全管理企业海康威视为例，除了自己掌控的核心件制造和研发部门外，这家企业还拥有一个完整且庞大的供应链系统，具体包括原材料供应商、零部件生产商、组装工厂、分销商以及最终的销售渠道等。通过打造完整且庞大的供应链系统，使得海康威视能够快速响应市场需求，为消费者提供具有独特竞争力的产品和服务，这值得每一个千亿公司借鉴和思考。

在这个过程中，我们要像海康威视一样，构建一个覆盖整个供应链的联盟体系。这个联盟体系不仅是一个简单的合作关系，更是一个相互依存、共同发展的命运共同体。在这个联盟体系中，每一个环节都需要紧密配合，共同应对市场的挑战和机遇。只有这样，在面向具体的需求时，我们才能确保整个供应链的顺畅运作，进而提升企业的竞争力和市场份额。

虽然我们无法展开整个海康威视的案例描述，但可以将供应链管理的经验总结出来，在这家企业的供应链管理中，我们需要将其供应链看作一个整体，全面考虑从原材料采购到产品销售的各个环节。供应链中的各个环节都需要围绕企业的总体战略目标进行运作，以确保方向一致。面向客户建立特殊的需求通道，可以快速响应工程的现场需求。

在芯片等关键供应领域，企业和供应商之间形成战略层、战术层和操作层多层次关系，每个层次都有其特定的任务和目标，各个环节之间存在明确的上下游关系，这种关系需要清晰定义和有效管理。

在供应链管理中，供应链涉及多个部门，需要各部门之间的紧密协同和配合，以实现整体目标。市场环境、客户需求等都在不断变化，因此供应链需要具备一定的灵活性来适应这些变化。在供应链运作过程中，需要根据实际情况进行动态调整，以确保供应链的持续稳定运行。通过引入先进的数字化技术，实现供应链的数字化管理，提高供应链的透明度和效率。建立供应链协同平台，实现供应链各环节之间的信息共享和协同作业，提高供应链的响应速度和准确性。通过系统思维对供应链流程进行优化，消除不必要的环节和浪费，提高供应链的整体效益。利用系统思维对供应链中的潜在风险进行识别、评估和控制，确保供应链的稳健运行。这些系统的流程管理，其实就是一家千亿公司的真实管理状态。

对于千亿公司而言，协作方式往往基于一种软性的连接结构，在国际上，供应链上的主导性企业往往通过知识产权的共享来构建这些供应链。通过授权使用，构建一个知识共同体，甚至进行联合攻关，实现对于一些关键专利产权的共有结构。这种捆绑逐步形成了一种紧密的合作体系，相互之间能够共享数据，实现高速协作。

这样看来，构建这样一个高效的供应链联盟体系并非易事。首先，需要对供应链中的每一个环节进行深入的了解和分析，明确它们在整个供应链中的作用和地位。其次，需要根据各个环节的特点和需求，制定相应的合作策略和管理措施。根据紧密程度，形成一些合作耦合关系。比如，对于一些次要环节，如包装协作厂等，可能会主要思考成本因素；对于原材料供应商，我们需要确保他们能够提供稳定、高质量的原材料；对于组装工厂，我们需要确保他们能够按照要求完成产品的组装和测试工作；对于销售渠道，我们需要确保他们能够覆盖更广泛的市场区域，满足更多消费者的需求。

供应链管理加快了企业壮大的过程，事实上，供应链本身往往具备一定的金融属性，整合来的资源，能够帮助千亿公司实现高速成长。在一条上升空间的产业通道里，这些企业能够在短时间内就聚集起巨大的资源。作为供应链的管理者，需要维护好整个供应链的运作信用，降低供应链的风险，并对关键伙伴进行赋能，这些都是一家主导性企业该做的事情。由于供应链涉及多个环节和多个合作伙伴，其中任何一个环节出现问题都可能会对整个供应链造成严重影响。所以，我们需要建立一套完善的风险管理机制，以便及时发现和应对各种潜在的风险和挑战。这包括建立风险预警系统、制订应急预案、加强供应商管理等措施。

好在数字化时代的智能管理技术升级了，即使一家企业拥有1000家协作伙伴，也能够被整合到一个时间和空间协同的系统里。供应链需要不断地进行创新和升级，以适应新的市场需求和竞争环境，这包括引入新的技术和管理方法、优化供应链流程、提高供应链的智能化水平。

2.千亿公司掌控完整价值链

本文我们讨论的是千亿公司供应链管理和价值链管理两大系统的合成，虽然它在管理学上有很多定义，但在本书中，我们谈论的内容很简单，以企业为枢纽，向着商业的供应链优化管理就是供应链管理；同样，向着消费侧对用户需求的优化行为就是价值链管理。因此，我们认为，供应链管理和价值链管理的合一，才是完整的价值链，这意味着客户才是拿着指挥棒的人，是客户决定了完整价值链的价值判断。

在今日的商业世界中，当提及那些市值突破千亿元的巨头公司时，人们往往首先想到的是它们庞大的客户群体和更高的市场份额。而在这背后，一个不容忽视的事实是：做大客户，真正理解消费者需求，并围绕其需求构建商业模式，才是这些企业价值的真正源泉。

随着时代的变迁，工业家的时代渐行渐远。那个时代，生产力和技术的突破是推动企业增长的核心动力。但如今，我们身处的这个时代，自我奋斗型的企业家精神虽然依旧闪耀着光芒，但也在悄然发生着转变。一个全新的、拥有分享精神的新企业家群体正在消费群体中悄然崛起。他们不仅满足企业的利润增长，更关注如何与消费者建立更紧密的联系，如何更好地满足消费者的需求以及如何与消费者共同分享企业成长的果实。

这种转变，实际上是对消费者主权崛起的深刻认识。过去，企业往往是以自我为中心，追求自身的利润最大化。如今，企业的生存和发展越来越依赖消费者的选择和偏好。这意味着，企业不仅要关注自身的产品和服务，更要关注消费者的需求和期望，并围绕消费者的需求来构建自身的商业模式。

我们在讨论完整价值链的时候，会发现千亿公司站在了消费者一边，并反向去整合供给侧，现在供给侧无论多么强大，都不再是商业权力的中心地带了。这种转变，对于品牌来说，意味着一个全新的核心理念的出现。过去，品牌往往是通过广告、促销等手段来推动产品的销售。如今，千亿公司需要更加注重与消费者的互动和沟通，建立与消费者的信任和情感联系。只有真正了解消费者的需求和期望，并围绕其需求来构建自身的形象和价值主张，才能在激烈的市场竞争中脱颖而出。

从理念层面上看，供给侧的工业品牌曾经拥有自洽的使命和逻辑。它们通过技术创新和生产力提升来推动企业的发展，并以此为基础构建自身的品牌形象和价值主张。但在全球营销市场日益成熟的今天，这种以供给侧为中心的理念已经越来越难以适应市场的变化。相反，以消费者为中心、以消费者主权为指南针的理念正在逐渐成为主流。

一个国际完整价值链品牌企业，要想在全球市场中立足并取得成功，就必须具备分享精神。这里的"分享"，不仅是指经济利益的分享，更是指对消费者需求和期望的关注和满足。一个真正具有分享精神的企业，会不断地与消费者进行互动和沟通，了解他们的需求和期望，并据此来改进自身的产品和服务。同时，它们也会与消费者分享企业的成长和成果，让消费者切身感受到企业的真诚和关怀。

利润和分享并不是对立的，而是辩证统一的，华为、胖东来这些企业并没有因为分享成果而变得弱小。一个真正具有分享精神的企业，往往能够获得更多的利润和市场份额。因为当企业真正关注消费者的需求和期望时，就能够提供更加符合消费者需求的产品和服务，从而赢得消费者的信任和忠诚。这种信任和忠诚，不仅会带来更多的销售额和利润，还会为企业的长期发展奠定坚实的基础。

举例来说，美国著名商业超市Costco的经营模式成为众多零售企业研究和学习的焦点。Costco以其独特的利润自律经营行为模式，不仅赢得了消费者的广泛认可，也为全球零售行业树立了新的标杆。

Costco的经营模式，简言之，就是以贴近成本的低价格为核心竞争力，通过严格的成本控制和供应链管理，实现高质量商品的低价销售。这种经营模式的成功，源于Costco对经营外部性的深刻理解和精准把握。

Costco严格遵循"所有商品的毛利率不超过14%"的硬性规定。这一规定不仅体现了Costco对利润率的严格自律，也凸显了其对消费者利益的关注。在Costco看来，过高的利润率意味着将更多的成本转嫁给消费者，这不仅有悖于企业的社会责任，也不利于了企业的长期发展。因此，Costco始终坚持将利润率控制在合理范围内，并通过优化供应链、提高运营效率等方式降低成本，从而为消费者提供更优质、更实惠的商品。

Costco对供应链上的货品供应商实行了严格的筛选和管理。一旦供应商在别的地方以比Costco更低的价格销售相同商品，Costco会立即将其商品从货架上撤下，并终止与该供应商的合作。这一规定不仅确保了Costco商品的品质和价格优势，也促使供应商不断提高自身的竞争力，来为Costco提供更优质的商品和服务。

Costco的经营模式，正是对经营外部性的深刻体现。企业的存在，不仅是为了追求利润最大化，更重要的是为社会创造价值、为消费者提供优质服务。Costco正是以用户需求为核心，通过提供高质量、低价格的商品，赢得了消费者的信任和忠诚。同时，Costco也注重与供应商、员工等利益相关者的共赢合作，共同推动企业的持续发展。

在迈克尔·波特的"成本领先"战略中，Costco将成本控制和供应链管理发挥到了极致。然而，Costco并没有止步于此，又加入了"用户共益"的战略。这一战略强调企业在追求利润的同时，也要关注消费者的利益和需求，实现企业与消费者的共赢。在Costco看来，只有真正关注消费者的利益和需求，才能赢得消费者的信任和忠诚，从而实现企业的长期发展。

正是这种对经营外部性的深刻理解和精准把握，使得Costco在激烈的市场竞争中脱颖而出，成为全球零售行业的佼佼者。Costco的平均毛利率只有7%，但这家企业依然活得非常健康，其品牌价值也得到了广泛认可。Costco的成功经验，不仅为中国的零售企业提供了宝贵的借鉴和启示，也为全球零售行业树立了新的标杆。

价值链管理反映的是企业更深层的内容，如经营战略、竞争优势等。它是对企业所有价值活动的整体优化和整合。创造价值是企业存在和发展的最终目标，价值链永远是企业管理研究的主题，而供应链只是对一定时期内价值链的反映。Costco的价值链管理就很清晰，将优化后的价值链活动重新整合成一个有机的整体，以确保各个环节之间的顺畅衔接和高效协同。

价值链管理的最终目的是通过优化和整合企业的价值链活动，实现降低成本、提高效率、增强产品或服务的竞争力以及提升企业整体绩效的目标。同时，价值链管理还有助于企业更好地理解和满足客户需求，建立长期稳定的客户关系。

3. 鱼和熊掌可以兼得

对于千亿公司的发展路途，其实有些万亿赛道是不足以支撑的。众多千亿级别的企业已经不再满足仅在单一的主业领域内精耕细作。它们深知，随着市场竞争的加剧和技术的日新月异，只有不断拓宽业务边界，寻找与主业紧密相关的新赛道，才能在激烈的市场竞争中立于不败之地。这种策略不仅有助于企业发挥自身的能力优势，保持企业庞大的人才队伍，还能够占据更多的市场份额。

当我们深入探讨这些企业的成功之道时，不难发现它们有一个共同的特点：它们往往会选择在主业之下，布局几个与主业紧密相关且相邻的赛道进行赛道组合。这样的策略，就像是在一个庞大的棋盘上精心布局，每一步都经过深思熟虑，以确保能够最大限度地发挥企业的能力优势。

以华为海思为例，这家在半导体领域享有盛誉的企业，在布局手机麒麟CPU芯片时，也在布局鲲鹏GPU芯片。这两个市场虽然各有特点，但都具备巨大的发展空间。海思之所以能够在两个领域都取得显著的成果，离不开其独特的产品布局和开发模式。这样同时布局几个赛道的发展模式，往往也是千亿公司的基本战略布局模式。

在数字化和智能化两个赛道上，同时布局，相互形成产业支撑，这是海思的策略。海思在布局这两个市场时，并没有盲目地投入大量的人力、物力和财力。相反，它充分利用了自身的技术优势和经验积累，通过一套技术班子同时开发两种产品，布局两个产品系和价值链。这种开发模式不仅降低了研发成本，还提高了研发效率。更重要的是，这种模式使得海思能够更快地适应市场需求的变化，灵活调整产品策略。

海思在开发过程中注重技术的创新和突破。它认识到，在半导体这个高度竞争的领域里，只有不断创新才能保持领先地位。因此，海思在研发过程中投入了大量的研发资源，不断推动技术的创新和发展。这种创新精神不仅体现在产品的性能上，还体现在产品的设计和制造工艺上。正是这种对技术的执着追求和不断创新的精神，使得海思能够在激烈的市场竞争中脱颖而出。在这个全球化的时代里，只有与合作伙伴携手共进才能实现共赢。因此，海思积极与全球各地的合作伙伴建立紧密的合作关系，来共同推动产业链的发展。这种合作模式不仅为海思带来了更多的商业机会，还提高了整个产业链的竞争力和创新能力。

多个赛道组合类似于三头六臂模式，越是千亿公司，在其根基上越依赖核心竞争力的持续构建。海思的成功并不那么容易，在布局新赛道的过程中，它也面临了诸多挑战和困难。

除了华为海思这样的成功案例外，还有许多其他企业也采用了类似的策略进行赛道组合。这些千亿公司深知，在快速变化的市场环境中，只有不断拓宽业务边界、寻找新的增长点，才能保持竞争优势。因此，它们纷纷在主业之外布局新赛道，通过技术创新和合作共赢的方式推动企业的发展。需要注意的是，赛道组合并非轻而易举的过程。企业在选择新赛道时需要充分考虑自身的实际情况和市场需求的变化趋势。同时，企业还需要注重资源的合理配置和风险的控制，以避免盲目扩张和浪费资源。只有这样才能确保企业在赛道组合的过程中取得预期的成果并实现可持续发展。如果没有基础能力的支撑，多元化很少有成功的案例。

对于基于基础能力的多赛道挤占战略，企业的成长与蜕变往往伴随着对市场趋势的敏锐洞察和不断地创新尝试。字节跳动，就是一家"鱼和熊掌兼得"的企业，其以独特的战略眼光和执行力，实现了多赛道布局。

作为新一代媒介系统，字节跳动在内容领域有着深厚积累。作为公司的明星产品，今日头条凭借其精准的用户画像和算法推荐，为亿万用户提供了丰富多样的图文内容。据统计，今日头条拥有高达6亿的激活用户，其中1.4亿是活跃用户，这一数字足以证明其内容的吸引力和用户的忠诚度。而在短视频领域，抖音更是凭借其独特的创意和娱乐性质，受到无数年轻用户的喜爱。如今，抖音的日活用户数已经达到了惊人的7亿，成为中国乃至全球范围内最受欢迎的短视频平台。

字节跳动并没有满足在内容领域的成功。作为一家具有前瞻性的企业，它深知在这个时代，人工智能和大数据将成为推动社会进步的重要力量。因此，字节跳动在大模型领域进行了深度布局，投入了大量资源进行人工智能的研究。通过不断进行技术创新和优化，字节跳动已经构建了一个高效、智能的算法体系，能够为用户提供更加精准、个性化的创作服务和内容推荐。这不仅提升了用户体验，也为企业带来了更多的商业价值。

除了技术和内容方面的创新，字节跳动还非常注重周边工具的发展。它投入资源发展各种周边工具，如剪映和巨量引擎等，这些工具不仅为用户提供了更多元化的创作和表达方式，也为企业构建了一个完整的互联网媒介系统。通过这个系统，字节跳动能够更好地连接用户、创作者和商家，实现信息的快速传播和商业价值的最大化。

与上一代互联网媒介企业相比，字节跳动在商业模式上也有着明显的不同。在以往的时代，内容往往只是作为吸引用户的手段，而真正的商业价值则来自广告、游戏等其他领域。然而，在字节跳动看来，内容已经变成了电子商务和直播电商的前端结构。它凭借在内容领域的优势，在垂直领域发展了懂车帝这样的专业平台，通过提供专业的汽车资讯和购车服务，实现了对于一些影响未来的主导性产业施加影响力。同时，字节跳动还逐步从内容端渗透进战略行业，实现了垂直平台服务。例如，在抖音的背后，直播电商正在影响中国的零售业务的发展走向。通过直播带货的方式，抖音不仅为用户提供了更加便捷、有趣的购物体验，也为商家带来了更多的流量和销售机会。

在电商领域，字节跳动同样展现出了强大的实力。它深知电商业务系统、价值链和供应链都是增值链的重要组成部分。这些链条通过优化资源配置和业务流程来提升企业整体绩效。其中，价值链是核心和关键，它决定了供应链的构建和运行方向。供应链则服务于价值链，为其提供必要的物流、仓储和配送等服务。因此，字节跳动在构建电商业务时，非常注重价值链和供应链的研究和优化。通过深入研究市场需求和消费者行为，字节跳动能够精准地把握市场趋势和机会；同时，通过与供应商、物流服务商等合作伙伴的紧密合作，它能够确保供应链的顺畅运行和高效协同。

在这个基础上，字节跳动能够组织起多条价值链系统，在同一个内容生态基础上发力。这种多元化的商业模式不仅为企业带来了更多的增长机会和竞争优势，也为用户提供了更加全面、便捷的服务体验。因此，可以说字节跳动是新一代千亿公司的典型发展案例之一。它不仅在内容领域取得了巨大的成功，还在电商、人工智能等领域展现了强大的实力和创新能力。

4. 价值链链主庇护集群联盟企业

供应链就是共赢链，当千亿公司意识到这一点的时候，企业事实上就自动升级为一种平台型的企业了。价值链的链主，在产业和企业的经济活动中，通常指的是在某一特定价值链中占据主导或核心地位的企业或组织。这些链主企业往往对整条价值链的运作、资源配置、价值创造和分配等关键环节具有重要影响力和控制力。直白来说的话，价值链上的链主就相当于产业江湖上的"带头大哥",一家门派的掌门人。

千亿公司往往是一条价值链或者是几条价值链上的主导性企业,并是价值链上的实际协同的核心节点。链主企业往往掌握着价值链中价值创造的核心环节,如产品研发、设计、关键零部件生产、品牌营销等。这些环节对整条价值链的价值创造和竞争力的提升具有关键作用。

通过前文可以了解到,千亿公司往往处于产业"微笑曲线"的两端,在核心技术研发和品牌营销、用户社区领域占据主导性的地位,因此,获得了资源配置的主导权。

链主企业在资源配置上拥有较大的主导权,能够根据市场需求和自身战略,有效整合和配置价值链中的资源,包括原材料、资金、技术、人才等。这种主导权有助于链主企业实现资源的高效利用和价值链的优化。

一些千亿公司价值链链主能够庇护集群联盟企业,形成一个完整的高价值的价值链,在这条价值链上的人,哪怕是普通的产业工人,也能够获得比一般薪酬水平高一点的收入。这就是强势价值链带来的市场议价能力。由于链主企业在价值链中的核心地位和资源优势,它们在与上下游企业合作时往往具有更强的议价能力。这种议价能力使得链主企业能够获取更多的价值分配,从而保持其竞争力和盈利能力。

千亿公司将构建丰富的社区生态,作为一种经营自觉。包容创新能够让企业在价值链中保持领先地位,并引领行业的发展方向。链主企业往往具有技术和研发领先型公司的特点,属于产业链技术中枢,能够制定产业链的规则与标准。这种技术优势使得链主企业在价值分配中占据主导地位,能够获取绝大部分价值。同时,链主企业还可能是品牌和渠道优势突出型公司,具有强大的市场影响力。这种市场影响力使得链主企业在产业链中拥有更强的议价能力,从而在价值分配中获取更多份额。

例如,特斯拉作为新能源汽车行业的链主品牌,其先进的电池技术、驱动系统和自动驾驶技术为整个产业链的科技创新提供了动力。同时,特斯拉通过建立超级充电网络、推广电动汽车等方式，为新能源汽车市场注入了新活力，并提升了整个新能源产业的科技竞争优势。这种控制能力使得特斯拉在新能源汽车产业链的价值分配中占据重要地位。我们注意到，马斯克有意让上海工厂的产业工人多获得一些薪水，其背后就是一种价值链庇护的思维方式。本质上，这就是统一战线模式的商业版，千亿公司的思维方式确实与小企业是不同的。

链主企业具有较强的产业链控制能力，通过订单安排、资源配置、科技专利研发等方式，能够影响和掌控产业链链属企业及链辅企业。这种控制能力使得链主企业能够在价值分配中占据主导地位，确保自身获得更多价值。链主企业通常是新兴产业的架构师、战略领导者和门户看守者，能够决定哪些企业可以进入这些价值链，并在产业内的网络关系、商业模式、供求关系与规则上充当架构师，建立关键产业标准与企业间的合作模式。这种战略引领和创新能力使得链主企业在价值分配中占据有利地位。

所谓庇护，本质上就是价值链链主的二次分配能力，即有意保持着对于协作企业的利润空间，以保证这些协作企业能够有战略预算进行垂直领域的研发，并维护价值链上的协作企业在整个竞争系统中的地位。维持价值链上的每一个节点的先进性和竞争力，就是整个价值链的竞争力所在，如果链主企业还依靠性价比思维作为价值链的主导性思维，那价值链上的协作企业基本都是苦不堪言。

这里，我们就谈到了千亿链主企业的自律问题，从管理学的视角来看，实际上价值链的管理有两个激励系统：一个是企业内部流程的激励系统；另一个是对于整个价值链的激励系统，大家都在一个价值链上，可以按照贡献大小获得一些链上的激励。对于后一种激励系统，很多中小企业此前从未听说过，在认知上还是空白。

作为产业链上的"超级节点"，链主企业不再是权力中心思维。链主企业此时承担的是组织者和价值分配者的角色，是驱动全产业链增长的引擎。

链主企业处于产业链的关键环节，在产业链供应链中位于主导地位，具有强大的核心竞争力及创新能力、较高的行业市场占有率、较好的可持续发展力。

价值链上的协作企业，特别是深度协作的企业，是企业的宝贵资产，这些链属企业更多的是在链主企业的主导下，参与产业链的某一环节或某些环节，与链主企业形成紧密的合作关系。作为链主企业，可以和协作企业形成多点核心竞争力的矩阵框架。比如，链主企业集中资源解决产业的核心制高点的问题，而协作企业也能够在自己的专业垂直领域内，形成局部的第一。链主企业往往具备国家级以上创新研发平台，可以对产业链上下游、左右岸技术创新形成有力支持，因此能够将矩阵式核心竞争能力串联起来，随时带动一个战略规模的产品市场。

龙头企业对于企业集群的影响，一直是产业研究者的核心话题。千亿链主企业和链属企业在角色定位、资源与能力、影响力与带动能力等方面存在显著差异。链主企业是产业链的组织者和领导者，具有强大的核心竞争力及创新能力，对全产业链的发展起到关键的推动作用。但对于价值链的管理，还是管理学的一个新领域，自我克制、分享价值、维护全价值链安全，带领一群企业进入高价值区间，从宏观上来讲，这是国家竞争力的一种体现。

5. 生态平台企业的超级规模

企业的成长和演变往往伴随着一系列深刻的变革。特别是对于那些已经跨越了千亿门槛的巨头企业而言，其创始人和核心团队成员的角色和职责更是发生了根本性的转变。他们不再仅仅是企业的领导者和管理者，更

如何成为一家千亿公司

是整个价值生态的守望者，肩负着引领整个行业乃至更广泛领域向前发展的重任。

我们需要明确的是，为什么只有生态链企业才能够具备超级规模。从产业规律的角度来看，生态链企业并非简单地追求自身的规模扩张，而是通过构建一个由多个系统相互依存、相互影响的复杂网络，来实现整个生态链的协同发展。这种协同发展不仅带来了规模效应，更带来了创新效应和协同效应，使得整个生态链能够在快速变化的市场环境中保持持续的竞争优势。

对于千亿公司而言，其主要的工作内容不再是构建一个独立的系统，而是系统和系统的集成。这意味着它们需要具备更高的战略眼光和更广阔的视野，来洞察整个行业的发展趋势和未来走向，并能够将这些趋势和走向转化为具体的战略规划和实施方案。同时，它们还需要具备强大的资源整合能力，要能够将各种资源有效地整合在一起，形成一个高效运转的生态链系统。

在这个过程中，千亿公司的创始人和核心团队成员发挥着至关重要的作用。他们不仅是生态链标准的制定者，更是游戏规则的制定者。他们通过制定一系列的标准和规则，引导着整个生态链的发展方向和运作模式，并确保整个生态链的协同发展和持续创新。同时，他们还需要具备足够的雅量和格局，去统领整个生态链，以确保各个系统之间的顺畅运行和协调发展。

在生态链上，千万个企业形成了一个大于企业本身的新结构体。这个新结构体不仅具备更强的规模效应和竞争优势，更重要的是它具备了更高的灵活性和适应性。在快速变化的市场环境中，这个新结构体能够迅速调整自身的结构和运作模式，以适应新的市场需求和竞争环境。这种灵活性和适应性是传统的单一企业所无法比拟的。

这个新结构体也使得商业世界中的混沌结构转变为有序的系统和混沌

共同存在的二元结构。在这个二元结构中，有序的系统代表了整个生态链的协同发展和持续创新，而混沌则代表了市场的不确定性和变化性。对于这种二元结构的管理需要新的千亿公司的创始人具备更高的管理能力和智慧。他们需要在有序和混沌之间找到平衡点，要既能保持整个生态链的协同发展和持续创新，又能应对市场的变化和挑战。

生态平台企业之所以具有很大的规模，是因为它们通过利用规模效应、范围经济和网络化效应，降低了成本，提高了竞争力。但是平台企业自身的规模是有局限性的，而且在生态链中，企业优胜劣汰的速度也变得更快，企业变革的节奏和面对世界级难题的机会也增多了。这使得企业只能加速发展，否则很快就会被市场淘汰。

生态链管理在此刻引起了千亿公司创始人的注意，生态链的管理事实上是一种资源组织的快速耦合和脱钩的机制，资源合作的灵捷性很大。在链主企业中，依然是企业精英引领，这是紧密合作的机制，因此，非核心的体系都会被逐步分解到价值链当中去完成。

生态链管理属于范围经济，其发展的逻辑已经变得不同。范围经济意味着平台可以通过提供多样化的服务或产品来满足不同用户的需求，进而增加用户黏性和市场份额。按照德鲁克的说法，未来的网络型公司需要向用户配送所有能够配送的东西。这就是企业管理学的变革，对于千亿公司而言，把握生态用户群体，成就范围经济才是正道。企业不能再局限于多元化还是专业化领域的二元思考，而是需要思考新的问题：我们是否可以通过建造一个基于生态平台的范围经济模式，来建立起企业运作的战略底座，并将一切资源全部承载起来。

范围经济和网络化效应是一对孪生状态，网络效应就是有了足够大的市场，市场规模越大，对于用户吸引力也就越大，会形成行为惯性。我们今天看到的淘宝天猫这样的生态平台，按照市场份额计算，淘宝天猫的年度商品交易总额（GMV）大约在7万亿元，虽然范围经济和用户数量已经不再增长，但其平台规模还是令人震惊。范围经济并不与规模报酬直接相关，而是与由多种产品共享资源、技术和市场等产生的经济性相关。

回到基础逻辑，淘宝提供了交易的方便性，范围经济表现为在同一核心专长下，由于各项活动的多样化以及多项活动共享一种核心专长，促使各项活动费用的降低和经济效益的提高。淘宝、支付宝、物流系统形成了一个完整的经济链，淘宝平台侧重于通过扩大经营范围、增加产品种类来降低单位成本，提高经济效益。它关注的是产品种类的增加对经济效益的影响。"万能的淘宝"就是通过满足用户需求、提供一站式服务来提升用户黏性，以及通过不断扩张来巩固市场地位、应对竞争压力。这些因素共同构成了生态平台企业扩张的内在逻辑。

生态平台企业作为链接多边群体、整合多方资源的枢纽，具有明显的规模效应。随着平台规模的扩大，其经济活动的边际成本降低，从而促使平台具有扩大规模、延展范围的内在动因。淘宝、拼多多、京东，包括苹果的在线商店（Apple Store）都是同样的逻辑。

生态平台经济的经营核心通常围绕着形成生态闭环、提升用户黏性两个点展开，平台以用户需求为导向，通过拓展信贷、保险、担保等金融服务，能满足平台上商家的资金需求以及用户的保险需求，从而提高商家及用户黏性。通过对产业链价值链的全面整合，为消费者提供"一站式"的综合服务，延长用户停留时间、丰富变现手段，可以进一步巩固平台的市场地位。

千亿规模是个巨无霸规模，我们需要理解其中的逻辑，即自有的资源和卷积的社会资源一起，形成了巨人企业。规模经济主要关注生产规模的扩大对经济效益的影响，而范围经济则主要关注产品种类的增加对经济效益的影响。这两个概念在经济学中具有重要的地位，对于理解企业的经济行为和市场结构具有重要意义。

未来企业最大的发展方向就是成为生态平台的领导者和管理者。这需要企业的创始人和核心团队成员具备更高的战略眼光、资源整合能力、领导力和管理能力，以应对快速变化的市场环境和日益激烈的竞争挑战。同时，他们还需要有足够的雅量和格局，去统领整个生态链，并推动整个行业的持续发展和进步。

第八章
千亿公司的投行思维和战略投资

1. 战略并购和投后管理

千亿公司拥有大量的资产和积累下来的社会财富，如何运用金融思维，让企业成为战略投资者，引入投行思维是一个方法。企业一边做实业，一边做投资。

我们先来看一下小企业的经营思维，中小企业往往关注企业当前的经营状况、产品特性和市场定位等微观层面，对于经济领域大小周期缺少认知。中小企业很少谈战略，因为谈战略会被认为是务虚，决策时更多基于经验和直觉或者局限于当前的企业环境和市场条件，对于资源整合缺少认知，对于金融的价值也缺少认知，充满偏见。

中小企业在风险评估方面可能较为保守，更多关注企业内部的财务风险和经营风险，对于资本和财富缺少分辨价值，倾向于入袋为安。小企业的创始人，主要的关注点多数在生产、销售、管理等基本能力，可能更多关注于通过提高产品质量、降低成本等方式来创造价值，虽然知道选择大于努力，但很少做出面向大市场投资的战略选择。

小企业的经营，即使在不确定性的市场里，仍会期待通过主观努力获得低水平的稳定性和连续性，倾向于在现有的框架内寻求改进。对于经营态势也缺少全面的感知能力，可能更多关注于企业所在行业的局部竞争态势和客户需求。

我们全面列举中小企业的一般经营状态，就是为了和千亿公司投行思维做一个区分，作为千亿公司，不能采用小企业的思维方式来经营企业。典型的投行思维，善于从最大的结构走向最小的结构，然后又从最小的结构走向最大的结构，这是一个哲学思考。投行思维侧重于宏观资源配置和结构重组，关注资源如何在国家、产业、企业等不同层面实现最优配置，以实现资产的高效增值。千亿公司善于基于数据和深度分析进行决策，通过系统性地研究和分析，找出价值洼地并设计相应的投资策略。投行思维全面和深入，不仅关注企业内部风险，还关注宏观经济、行业趋势等外部风险，并采取相应的风险对冲措施。

战略投资都是理性的分析过程，在充分的分析之后，会去寻找理想的适合企业的投资标的，产生一般的投资行为，形成资本系或者进行重大战略投资，这其实就是战略并购了。投行思维追求的不是为成功而成功，而是超越性的成功。

战略并购和投资，对于千亿公司来说很重要，因为千亿公司不仅有扩张的欲望，也有繁衍的欲望，就像人结婚生子一样缺一不可。一个特别适合的投资标的出现了，往往就是千亿公司面向下一个时代的机会。对于纯粹的投行机构，战略投资意味着更大的资本增值机会，对于千亿公司产融机构来说，这是企业的战略机会，也是二次创业进程。

在战略并购之前，需要明确知道自己要什么，这就需要企业首先需明确为何要进行并购以及期望通过并购达到什么目的。一些战术目的也是存在的，这些目的可能包括扩大市场份额、排挤竞争对手、提高利润率、分散投资风险、获取品牌和销售渠道等。

对于千亿公司而言，最好的投资就是投资另外一家千亿公司，正是由于企业拥有完整达成千亿规模企业的知识系统，因此，千亿公司的战略并购往往不是为了市场扩张去投资，而是为了"下一个大机遇"。

千亿公司的战略并购已成为企业实现跨越式发展的重要手段。战略并购并非简单的资本游戏，它更像是一场精心策划的棋局，每一步都需要深思熟虑，每一步都可能影响企业的未来走向。在其中，战略方向的选择显得尤为重要。一旦错过下一个战略主赛道的机会，企业可能会面临被时代淘汰的风险，这样的失误无疑是不可原谅的。

如何成为一家千亿公司

以人工智能领域为例，近年来，这一领域的发展日新月异，新技术、新应用层出不穷。对于那些能够敏锐捕捉到这一趋势的企业来说，这无疑是一个巨大的机遇。然而，对于字节跳动这样的巨头企业来说，由于早期未能全面进入人工智能领域，它们不得不面对一系列的挑战和反思。在这样的背景下，公司核心管理层进行了一系列的战略调整，将更多的资源和精力投入人工智能领域，以期在未来的竞争中占据有利地位。

对于千亿公司来说，领导者的责任更加重大。他们不仅需要具备深厚的行业背景和专业素养，更需要有进行战略投资和并购的胆识和眼光。他们需要能够洞察整个行业的发展趋势和未来走向，并能够将这些趋势和走向转化为具体的战略规划和实施方案。同时，他们还需要具备敏锐的市场洞察力，要能够及时发现市场的变化和机遇，并做出相应的调整和应对。

战略并购也有弥补战略失误而进行快速行动的意思，战略赛道一旦经过从 0 到 0.1，或者从 0 到 1 的阶段，作为赛道玩家，战略并购无疑是一个重要手段。通过并购，企业可以快速获取先进的技术、优秀的人才和强大的市场渠道，从而加速自身的发展。

对于专业投行来说，战略并购并非一蹴而就的事情，它需要企业在并购前进行充分的调研和评估，以确保并购的可行性和有效性。同时，在并购过程中，企业还需要与被并购方进行充分的沟通和协商，以确保双方的利益得到最大化。在并购后，企业还需要进行一系列的整合和优化工作，以确保被并购方能够顺利地融入自身的体系，实现协同发展。此外，企业还需要不断加强自身的研发和创新能力，以确保在激烈的市场竞争中保持领先地位。

在现今日益激烈的商业竞争环境中，战略并购已成为企业快速扩张、优化资源配置、提升市场竞争力的重要手段。战略并购并非简单的资本交易，而是一次深度的资源整合和价值重塑的过程。在这一过程中，企业的资源整合能力显得尤为重要，而这也是投后管理领域的核心议题。

很多投行所谓的投行管理，其实并没有相应的资源投入，对于一家成熟的千亿公司而言，其背后必然有着一套完善的人才培养机制和人才梯队建设体系。这样的企业在面对战略并购时，所展现出的不仅是对资本的敏锐嗅觉，更是对人才梯队的深度运用和战略布局。在并购过程中，企业向被并购方派出的并非只是一个CEO或核心团队，而是一个由多层次、多领域人才组成的完整梯队。他们不仅具备丰富的行业经验和专业知识，更能够迅速地融入新的环境，发挥各自的专长，共同推动并购后的整合工作。

这个人才梯队在并购后的资源整合中发挥着至关重要的作用。他们首先要做的就是对各种资源进行全面的梳理和评估，包括人才、资金、技术、信息等各个方面。通过对这些资源的深入了解和分析，他们能够找到资源之间的最佳匹配点，实现资源的优化配置和高效利用。同时，他们还需要对并购双方的业务流程、组织结构、管理制度等进行深入研究和对比，找出差异点和优化空间，并以此为后续的整合工作提供有力的支持。

在整合过程中，人才梯队还需要具备强大的协调能力和沟通能力。他们需要与并购双方的各个部门和团队进行密切的沟通和协作，以确保各项工作的顺利进行。同时，他们还需要能够处理各种突发事件和复杂问题，以确保整个生态链的顺畅运行和协调发展。这种协调能力和沟通能力不仅来源于他们的专业素养和经验积累，更来自价值观驱动力。

人才梯队的移植对于提高战略并购的成功率具有重要意义。在全世界的并购案例中，我们不难发现许多失败的案例都源于并购双方之间的各种冲突和矛盾。这些冲突可能来自价值观的差异、管理理念的不合、企业文化的冲突等方面。而一个完整的人才梯队能够带来一套成熟的管理体系和一种企业文化，从而有效地减少这些冲突和矛盾。他们能够在并购过程中积极传播和践行企业的价值观和管理理念，推动被并购方逐步融入自身的品牌和文化体系。这种融合不仅能够增强企业的凝聚力和向心力，还能够为企业带来更多的发展机遇和市场空间。

在并购过程中，品牌和文化的传承和融合也是不可忽视的一环。品牌是企业的重要资产之一，它代表着企业的形象和信誉，能够为企业带来强大的市场竞争力和品牌影响力。而文化则是企业的灵魂和精髓，它凝聚着员工的共同价值观和信仰，是推动企业持续发展的不竭动力。因此，在并购过程中，企业需要注重品牌和文化的传承和融合，以确保被并购方能够顺利地融入自身的品牌和文化体系。这不仅能够增强企业的凝聚力和向心力，还能够为企业带来更多的发展机遇和市场空间。

战略并购需要企业具备强大的资源整合能力和投后管理能力。而一个完整的人才梯队则是实现这一目标的关键所在。企业需要做好自己的主航道事业，也需要借助资本的力量，实现快速汇聚资源，完成面向未来的战略布局。

2.为增强市场地位和核心竞争力而投资

放眼市场，存在着很多低质量的并购行为，这些并购，属于一种"资本运营"，即几家缺少市场地位的企业相互并购，实现抱团，只是为了填写一张共同的财务报表，以达到进入证券市场的门槛条件，而后再利用金融杠杆实现发展的目的。但事实上，这种并购通常都会以失败而告终。因为通过并购来重新打造一个完整的企业系统，比单纯进行股权投资和资本运营要复杂得多，它违背了企业生态系统的总原则。

对于千亿公司而言，投资战略的选择是关乎企业长远发展和市场地位的关键决策。在探讨是否应为了增强市场地位和核心竞争力投资，而非单纯追求规模扩大时，我们认为这一原则具有深刻的合理性，扩大市场份额更多在于竞争策略，是其他竞争企业可以复制的能力。企业的投资，需要增加企业不可复制的能力,这样才是投资的正确目的。

企业的投资行为应当有明确的目标和战略导向。单纯追求规模扩大可能会导致资源浪费、效率低下,甚至可能使企业陷入财务困境。而以增强市场地位和核心竞争力为目标的投资,则能够更好地满足市场需求,提升品牌影响力,加强企业的竞争壁垒。但在具体的并购和投资策略上,只要处于价值低洼地带的资产,有利于企业增强市场地位,对于企业的总体竞争力有利,这就是正确的投资行为。

典型的为增强市场地位的投资,以联想为例。联想是一个定位于用户市场的 PC 价值链企业,现在在全球的市场份额为 23%,稳居全球第一。联想拥有庞大的用户群,因此在和上游供应链的谈判过程中,拥有一定的渠道议价权,能够获得更好的规模采购成本,同时,通过整合制造环节,实现了全球市场渠道的扩张。对于联想收购 IBM 电脑部门这一事件,从多个维度来看,确实可以被视为一次成功的投资,它显著增强了联想的市场地位。两者一个想卖,一个想买,一个退出市场,一个想要全球化市场,这样的收购加速了企业全球化的进程。

联想通过收购 IBM 个人电脑业务部门,一跃成为全球第三大 PC 厂商。这一收购不仅使联想在 PC 市场中的份额得到了极大的提升,也为其后续的发展奠定了坚实的基础。具体而言,收购后联想获得了 IBM 在全球范围内的笔记本及台式机业务,以及原 IBM PC 的研发中心、制造工厂、全球的经销网络和服务中心。这些资源的加入,使联想在规模上得到了显著的扩大。IBM 作为全球知名的科技公司,其品牌影响力和技术实力是毋庸置疑的。联想通过收购 IBM 个人电脑业务部门,获得了 Think 系列品牌,这一品牌在全球市场上享有很高的声誉。此外,联想还获得了 IBM 在 PC 制造方面的先进技术,这些技术对于提升联想的产品质量和竞争力具有重要意义。

收购 IBM 个人电脑业务部门,使联想的全球化战略得到了实质性的推进。通过整合 IBM 在全球范围内的资源和网络,联想能够更快地进入国际市场，扩大其全球市场份额。联想在收购后继续加强与IBM的合作，不断推出创新产品和解决方案，进一步提高了在全球市场上的地位。这一战略的实施，使联想在全球科技行业中的影响力得到了显著提升。

在此次的并购过程中，联想积累了和国际资本打交道的经验，也积累了跨文化管理的经验，从发展势头来说，正是这种投资增强了企业的竞争力。

在其他的千亿公司中，我们也看到在企业运营和战略投资领域运用了企业投行思维，即对企业未来战略计划与战略预算进行协同思考，并将其贯彻到企业的日常运营中，形成了企业可持续发展的动力。

战略计划是企业在未来一段时间内的发展蓝图，它包含了企业的目标、愿景、核心竞争力以及实现这些目标所需的策略。而战略预算则是将这些策略转化为具体的财务计划，并通过预算的分配和执行，来确保企业有足够的资源支持战略计划的实施。因此，战略预算是战略计划得以实现的重要保障。

在企业的运营过程中，成熟业务和战略业务往往并存。成熟业务是企业稳定的收入来源，而战略业务则是企业未来发展的希望。要在同一时间周期内实现两者的平衡发展，需要企业在战略预算中进行合理的资源配置。既要保证成熟业务的稳定运营，又要为战略业务提供足够的支持，以推动企业快速成长。

战略计划为企业指明了方向，而战略预算则是实现这些计划所需的财务资源和手段的具体规划。要使战略预算成为企业可持续的行为之一，首先要确保预算的制定符合企业的长期发展战略。这要求企业在制定预算时，要充分考虑市场环境的变化、行业发展趋势以及企业自身的发展阶段，即制订出既符合当前实际情况又具有前瞻性的预算方案。在预算的执行过程中，企业要建立有效的监控和评估机制，及时发现并解决问题，以确保预算的顺利执行。企业还要根据战略计划的调整和市场环境的变化，对战略预算进行适时的调整和优化，以保持其与企业发展战略的同步性。华为就是在战略预算领域实现制度化管理的企业之一，其战略财务制度的存在，对于企业的竞争力持续提升提供了制度保障。

归根结底，企业的投行思维和战略计划，不能停留在思维和概念领域，企业是以实践为要的。因此，投行思维需要变成企业管理制度；实现战略计划与战略预算协同的策略，要变成企业经营的日常行为。因为企业的领导者需要高度重视战略计划与战略预算的协同性，所以应将两者纳入企业的整体战略框架中进行统一规划和管理。战略计划和战略预算的制订和执行需要多个部门的共同参与和协作。因此，企业要建立跨部门协作机制，加强部门之间的沟通和协作，确保信息的畅通和资源的共享。企业需要注重培养具备战略眼光和财务素养的复合型人才，同时积极引进外部优秀人才，从而以此为企业的战略计划和战略预算的制订和执行提供有力的人才保障。

我们再次回到千亿公司的投资主逻辑，并在此澄清一下投资与核心竞争力的关系。核心竞争力是企业独特的、难以被竞争对手模仿的竞争优势。为了培育和提升核心竞争力，企业需要在关键技术、人才培养、品牌塑造等方面进行投资。这些投资能够增强企业的创新能力、执行能力和应变能力，使企业在面对市场变化和竞争挑战时更具优势。

有金融投资行为，还需要注意投资的风险管理，金融活动就是风险活动。投资总是伴随着一定的风险，企业需要建立完善的风险评估和管理机制，来确保投资项目的可行性和收益性。同时，企业还需要关注市场动态和行业趋势，并及时调整投资策略，以确保投资与市场需求和行业发展保持同步。

千亿公司通过有针对性的投资来增强市场地位和核心竞争力，实现可持续发展。同时，千亿公司也做到了在投资过程中注重战略导向和风险管理，以确保投资行为的科学性和有效性。

3. 低成本融资渠道的获取策略

投资人挂在嘴边的"募投管退"四大流程体系，是每一个与经营相关的人都知道的投行的一般工作模式。按照权重来说，获得低成本长周期的资金是投行业的基础工作；同时，如何发现和投资高质量的投资标的，也是投行基础能力的一种表现。

按照一般的规律，如果严格监管，并且全程合规经营的话，股市融资行为算是一种高成本的融资方式。千亿公司在股票市场也是个明星，因为其规模巨大，市值也能够保持相对稳定。

但对于中小上市公司而言，其在二级市场的股票市值依赖企业的经营能力和产业前景，企业为了上市，需要支付一系列的费用，包括律师费、会计师费、保荐人费用、交易所上市费用等。这些费用构成了企业进入股市的直接成本。除了直接成本，企业还需要满足一系列的条件和标准才能上市，如盈利能力、公司治理结构、信息披露等。这些要求需要企业投入大量的人力、物力和财力去满足，构成了间接成本。在股市中，企业的股东期望获得相应的回报，这通常表现为股价的上涨和股息的支付。为了满足股东的回报要求，企业需要保持稳定的盈利增长，这可能需要投入更多的资金和资源。同时，股市的波动性较大，企业的股价可能会受到市场情绪的影响而大幅波动。当股价下跌时，企业的市值会缩水，融资能力也会受到影响。为了维护股价稳定，企业可能需要采取一系列措施，如回购股票、增持等，这些都会增加企业的成本。

企业上市，虽然会带来一些弊端，如不得不面临严格的监管，导致合规成本增加等，但总体来说是利大于弊。因为企业上市后，就意味着企业经营变得透明化，资金流向和融资方案都会昭告天下，这无疑减少了企业"憋大招"行为，可以令企业安心经营，减少诱惑，一心一意谋发展。

对于绝大多数千亿公司而言，在建立融资渠道的过程中，往往是双管齐下的。即在主体上市的过程中，也采取一揽子资本运作方案，股市融资、市值管理和其他低成本融资渠道齐头并进，形成一个综合解决方案。

我们可以用一个典型案例来说明如何获得低成本的融资渠道。复星集团（以下简称复星）是中国知名的生物医药集团，企业在全球化扩张的过程中，需要构建完善的事业网络。在全球化的过程之中，复星一方面收购全球专业资产；另一方面也在构建企业的低成本融资渠道，如收购保险公司，就是一个战略布局。

2014年复星以10亿欧元收购了葡萄牙最大的财险和寿险公司忠诚保险（Fidelidade），这一收购不仅为复星带来了葡萄牙保险市场30%的份额，更重要的是为复星提供了低成本的融资渠道。复星通过并购海外保险公司，获得了大量的保险资金，这些资金具有低成本的特点。相比于其他融资方式，如银行贷款或发行债券，保险资金通常具有更低的融资成本，有助于减轻复星的财务负担。

并购海外保险公司为复星提供了低成本的融资渠道。例如，葡萄牙保险和鼎睿再保险的业务平均负债成本分别低至3.0%和2.44%，相较于复星本身的债务融资成本5.61%，显著降低了负债成本。复星在进行海外保险公司并购中，通过获得低成本的融资渠道，展现了其独特的产业融资行为。保险业务为复星带来了可观的净利润。例如，2023年，复星国际保险业务实现净利润7.9亿元，占集团全部利润的57.3%，成为复星利润的主要来源。通过并购海外保险公司，复星能够迅速进入并扩大在某些国家或地区的市场份额。并购的海外保险公司通常拥有多样化的保险产品，如财产保险、人寿保险、健康保险等，这有助于复星丰富其产品线，满足更广泛的客户需求。

从投行思维来看，复星在保险业的投资，不仅让自身保持了良性发展，同时保险业务本身也成为企业总体利润的主要来源。复星的一半利润来自生物医药产业，一半利润来源于产融模式本身，这对于中国企业的架构布局，起到了一定的启示作用。海外保险公司的并购使复星能够更好地进行国际化布局，其可以利用被并购公司的本地资源和经验，快速适应并融入当地市场。保险公司通常具有完善的风险管理体系和专业的风险管理团队，这些资源和技术可以被复星借鉴和吸收，从而提升其整体的风险管理能力。并购知名海外保险公司有助于提升复星的品牌知名度和影响力，进而提升其市场竞争力。

复星的主航道加保险业的发展模式，和巴菲特主导的伯克希尔·哈撒韦公司（Berkshire Hathaway）采取了同样的模式。银行业、保险业拥有自己的杠杆率，这是金融属性企业的特性决定的。保险资金除了降低融资成本外，还可以提高杠杆率。利用保险资金进行投资，理论上可以使总资产达到资本金的数倍，从而大大增强企业的资本运作能力。举例来说，如果复星百分之百使用保险资金，理论上总资产可以是资本金的7倍到14倍。这意味着，复星用10亿元资本金就可将资产规模做到140亿元左右。

复星的经营挑战还是存在的，即使拿到了金融好牌，也需要做更多的风险控制。利用保险资金进行融资和投资具有显著的优势，虽然可以享受比市场低得多的借款成本，但也存在一定的风险。保险公司资产量大，同时债务也大，其中大部分是浮存金，资金由保险公司客户的保费组成，属于应付账款，即公司债务。因此，复星需要谨慎管理这些资金，确保不发生集中性刚兑事件。

对于复星来说，这种融资行为将有助于其实现更加灵活和高效的资本运作，从而推动其全球战略目标的实现。这里也会带来新的矛盾，即拿到了资金，但市场之中真正的优质资产其实是稀缺的，复星需要对投资标的进行严格的筛选和评估，以确保投资的安全性和收益性。如何提高产业投资的成功率,采取什么样的投资战略,这就是复星的新挑战。

4. 千亿公司的产融战略

金融思维已经发展了几百年,几乎所有人都认为金融行业是聪明人的游戏。其实金融的核心也很简单,就是一个套利经济。他们聪明的地方就是拿别人的钱去套利,作为中介者,同时规避了风险。

金融资本跟任何一个产业合作的目的都是套利,金融人在合作的过程中,不管这个过程有多复杂,哪怕所有人都看不懂,他们还是在套利。所以我们不需要把整个金融行业看成多么高大上的行业。当我们知道了它的核心逻辑,就发现它和路边的服装店没有什么两样。只有完成对于金融的祛魅,理解其本质,解构掉一套话语体系,我们才能够驾驭它。

再说说复星的产融模式,众所周知,全球天使投资的成功率在1.5%~3%,这些机构投资100个项目可能只会存活几个企业。但产业金融的投资,让复星资本在生物医药方面的投资项目成功率达到了70%。在投资界,这是一个很高的数字了。原因很简单,复星资本并不是一个独立的资本机构,而是产业结构和资本机构的复合体,收购的公司都是产业赛道中的企业,在进行并购和合作之后,企业能够派出一个合格的管理团队,对于被收购企业进行一个资源的盘点,并且将企业资源导入企业全球产业网络,独立的资本机构往往做不到这一点。产融模式的价值也就体现在这里,这是专业力量和资本力量合一的结果。

企业产融模式让企业一方面能够深度理解产业的经营规律,另一方面让企业能从金融资本的视角来看待自己的企业运营。管理大师德鲁克曾经说过:"一家企业其实没有利润,企业的利润都是面向未来的准备金。"企业真正的追求，其实是一种永不枯竭的流动性，这是在德鲁克观念的基础上推导出来的一个概念，企业资源流动性的停止意味着企业的死亡。这里所说的流动性不是指单纯钱的流动性，还包括人的流动性、产品的流动性、客户的流动性、服务的流动性，企业的本质是一切流动性构成的一个实体。

产融模式并非简单地等同于企业金融化。其本质，是企业在深度挖掘和发挥自身潜能的过程中，巧妙地融合内外部金融机制，以实现企业的长期、稳定、可持续发展。在企业的成长过程中，往往会面临产业发展的周期性波动。这种周期性波动，无论是市场需求的起伏，还是技术创新的迭代，都可能给企业带来不小的经营风险。而与此同时，金融产业则具有其独特的反周期性特征。金融市场的波动，往往能在一定程度上对冲实体产业的周期性风险。因此，产融模式的诞生，便是为了将这两种看似矛盾的机制有机结合，使企业能够更好地抵御来自未来的经营风险。反周期进行战略投资是产融模式的精髓所在。

具体来说，产融模式的核心在于企业如何巧妙地运用内外部金融资源。内部金融资源，如企业的自有资金、留存收益等，是企业发展的基石。而外部金融资源，则包括银行贷款、债券发行、股权融资等多种形式。在产融模式下，企业需要精心设计自己的财务战略，并通过合理的资本结构配置和资金使用计划，使内外部金融资源相互补充、相得益彰。

产融模式并非没有边界。其成立的初衷是减少企业未来的风险，而不是增加风险。然而，在实际操作中，很多企业在进入产融模式后迷失了方向，将自己变成了一个纯粹的金融企业。它们过度追求金融利润，而忽视了实体产业的发展需求，导致了产业与金融之间的失衡。这种失衡不仅无助于企业的长期发展，反而可能给企业带来更大的风险。

可见，产融模式的企业发展到最后往往就变成了纯碎的金融企业，比较典型的如 GE 金融，其利润一度占据了企业的半壁江山，但也完全脱离了产业金融的逻辑。

第八章　千亿公司的投行思维和战略投资

千亿公司在面向未来的时候，有两件事情可以干：一件事情就是企业内部组织变革团队；另一件事情就是结合企业的资源进行对外投资。基于产融模式的对外投资，其成功率要比一些专业的投资机构的成功率高得多。因为企业熟悉自己的产业，同时也能够快速地组建团队，只要方向明确，企业很快就能够在新兴的方向上去实现成果的创造。因此，聪明的企业会建立一个专门的对外投资部门，将自己行业的管理经验和一些资金结合在一起，能够大大地提高被收购企业的成功率。

GE 金融在 2008 年的金融危机中，出现了巨大的亏空，这多多少少与其金融业务突破了自己的产业边界有关，一个制造业企业不要去做银行的事情，也不要去做一个独立的投资基金该做的事情。

产业金融该做的事情就是加强自己的价值链，提升自己的竞争力，让自己面向未来，不要丧失未来的机会。因为目的不同，所以结果不同。GE 金融说明了产融模式没有问题，打败 GE 金融的，是金融产业的风险性和行业规律。金融产业的危机就是金融危机，金融危机是周期性发生的，这是基本的经济学规律，我们在这儿就不强调了。

GE 金融是全球大企业产融模式的开创者，也为整个行业带来了巨大的经验教训。当这家企业不使用自己的利润积累来进行产业融资，而是热衷于使用各种金融工具，则意味着这个企业已经违背了一开始创办时候的初衷。

认真起来，金融不同于实体企业基于能力的价值链模式，金融基于相信产生契约，是信用链模式，本质上一切都需连接，规则很重要，但上位是一个无边界的套利系统，而不是价值观系统。因此，企业家很难驾驭金融系统，资本有自己的内在欲望。一家金融企业就是一个黑箱，没有人能够搞得清楚内部到底隐藏着什么秘密。在参与衍生品的交易中，GE 集团也已经搞不清楚这家企业到底在做什么，主管整个产业集团的人对于管理一家金融集团，注定也是一个门外汉。

产融模式的边界非常难以把握，就像一匹难以驾驭的烈马。企业需要具备高超的驾驭能力，才能在产融的道路上稳步前行。这要求企业不仅要深刻理解产融模式的内涵和价值，还要具备强大的财务规划、风险管理和创新能力。

产融模式在企业运营过程中的价值和作用不容忽视。它不仅可以帮助企业实现内外部金融资源的优化配置，还可以提升企业的价值链管理能力。在产融模式下，企业可以更加灵活地运用资本，投资一些与自己相关的产业链和重要的合作伙伴。这种横跨在供应链上的企业形态，不仅可以增强企业的供应链稳定性和竞争力，还可以为企业创造更多的价值。

在价值链管理方面，产融模式同样具有重要作用。在价值链上，有投资者和被投资者两种角色。对于中小企业来说，它们往往扮演着被投资者的角色。在接受大企业的投资后，这些中小企业便成为价值链上的一部分。这种小企业产融模式的价值在于，它可以帮助中小企业获得更多的资金支持和市场机会，从而加速其成长和发展。同时，这种模式也有助于优化整个价值链的资源配置和运营效率。

产融模式是一种典型的内部金融服务的安排，从定性上来讲，那就是一旦一个企业将自己的内部服务机构变成了金融市场中的玩家，那这件事情实际上就失控了。一开始，GE金融是为企业的发展服务的，产业金融让实业企业开始服务化，也就是从产品到了服务，但在过程之中变味了。因此，对于如何平衡产业和金融，千亿公司需要仔细思考。

5.战略投资和第二曲线启动

华为的员工持股计划,从根本上打破了传统企业所有权与经营权分离的局面,让员工成为企业的真正主人。这一计划不仅增强了员工的归属感和责任感,还极大地激发了他们的工作热情和创新能力。在华为,员工不再仅仅是打工者,而是与公司命运紧密相连的合作伙伴。他们共享公司成长的红利,也共同承担经营的风险。这种紧密的利益捆绑,使得华为能够凝聚起一支高度忠诚、富有战斗力的团队,这就为公司的长远发展奠定了坚实的人才基础。

我们再来看华为的战略之下,战略财务推动的持续向产业的关键领域的投资,这和 GE 的产融模式明显不同,华为是明确的价值观驱动的企业,华为的产融模式,作为其企业文化与战略部署的核心组成部分,深刻体现了其独特的价值观与组织架构的深度融合。这一模式不仅为华为构建了坚实的财务基础,更为其长远发展铺设了宽广的道路,使之在全球科技竞争中保持重要地位。员工持股计划,作为华为产融模式的核心环节之一,不仅是激励机制的创新,更是对传统公司治理结构的深刻变革。

因为华为的员工就是企业的股东,所以他们既是奋斗者,也是投资者,这两个身份中,奋斗者是主导性的,投资者是红利性的。华为产融模式的成功,离不开其深厚的企业文化和核心价值观的引领。华为始终秉持的"以客户为中心、以奋斗者为本、长期坚持艰苦奋斗、坚持自我批判"的核心价值观,将员工利益、客户需求和社会责任紧密结合在了一起。这种价值观不仅塑造了华为独特的组织氛围和企业文化,也为其产融模式的成功实施提供了坚实的思想基础。在华为看来,企业的可持续发展不仅取决于技术和市场的成功，更取决于其坚守初心、勇于创新、不断追求卓越。在价值观的指导下，华为的产融资本剪除了基于短期的套利性特征，将产融模式定位成客户价值实现的加速器。对于千亿公司来说，这是一种模式创新，其运行模式体现了企业价值观和经营意志。

在产融模式的框架下，华为得以摆脱资本市场的短期压力，并专注于长期战略的制定与执行。传统上市公司往往需要面对市场投资者的频繁询问和短期业绩压力，这往往导致企业在战略选择上趋于保守，难以做出真正有利于长远发展的决策。而华为通过员工持股计划和内部融资的方式，有效降低了对外部资本市场的依赖，从而拥有了更多的战略自由度和灵活性。这使得华为能够大胆地进行前瞻性的投资布局，如在研发、技术创新、市场开拓等方面持续加大投入，为公司的未来发展奠定了坚实基础。

正是基于特殊的股权投资者的结构，员工都希望在短期和长期的发展中，找到最佳平衡点。因此，产生了产融结合下的战略定力，这让华为可以从容开启第二曲线、第三曲线，并通过追求短期的经营成果，来保障长期主义的胜利。

华为产融模式下的长期主义战略，体现在其对未来趋势的敏锐洞察和持续投入上。在数字化、智能化浪潮席卷全球的今天，华为提前布局了5G、云计算、人工智能等前沿领域，不断推动着技术创新和产品升级。这些重大战略投资虽然短期内难以见到显著回报，但随着时间的推移，其战略价值将会逐渐显现。华为通过构建开放合作的生态体系，与全球合作伙伴共享技术成果和市场机遇，实现了互利共赢的良性循环。这种向下生长的强根布局方式，不仅增强了华为在全球科技竞争中的核心竞争力，也为企业带来了持续增长的动力。

战略自由度是千亿公司经营活力的一种体现。显然，华为就拥有这样一种宝贵的战略自由度，其按照产业规律，在重要的时间点来开启面向未来的第二曲线。华为的员工持股计划使得员工对华为的未来发展有了更强的责任感和归属感,从而更加支持华为长期的、前瞻性的投资布局。华为通过内部融资和员工持股计划,降低了对外部资本市场的依赖,这使得公司在财务上更加自主和独立。这种财务自主性和独立性使得华为在制定战略时,不必过多考虑外部投资者的短期利益,而是可以更加专注于公司的长远发展和核心竞争力的构建。

华为在产融领域开启第二曲线,事实上是一个基于主航道生态的多角应用的产业扩张模式。对于消费者事业群的拓展,就是基于全球通信设备市场的有限性。企业想要发展,就要识别增长极限,华为认识到任何业务的增长都有极限,企业的发展会经历从"起始期""成长期"到"成熟期""衰退期"的生命周期。为了避免在"第一曲线"达到顶峰后陷入衰退,华为积极寻找并开启新的增长曲线,即"第二曲线"。手机消费端市场是有 1.5 万亿美元的巨型市场,华为将第二曲线战略作为实现持续性发展的关键,并通过不断创新和转型,确保了公司在市场中的领先地位和持续增长。

华为持续在通信技术领域进行战略投资,每一年的投资额巨大,占企业营收的 10%~15%,这样的机制设计很了不起,员工持股加上核心管理团队的战略眼光,让华为的经营不断实现飞跃。从 2G 到 5G 的跃升,以及在智能手机、云计算、人工智能等领域的持续创新,都是其飞跃式创新的体现。这些创新不仅提升了产品的竞争力,也为公司开辟了新的市场空间。

华为面向整个数字智能化社会的主战场,进行了战略布局,积极拓展智能手机、云计算、物联网、智能汽车等多元化业务。这种业务多元化战略有助于降低公司对单一市场的依赖,提高抗风险能力。基础聚焦,多业应用,华为成立了 25 个军团,来为中国的战略行业提供数字智能化整体解决方案。针对不同行业的需求,华为提供定制化的解决方案。例如,在运营商领域,华为提供网络、云计算、大数据等全方位的服务;在企业市场,华为提供数字化转型、智能制造等解决方案。这些解决方案有助于华为深入各行各业，拓展新的增长点。华为积极构建产业生态，与上下游企业、高校、研究机构等建立了广泛的合作关系。通过生态合作，华为能够汇聚各方资源，共同推动技术创新和产业升级。

从华为的产融案例来看，千亿公司手中拥有强大的产业金融工具，能够通过产业投资的行为，增强这个经济体的价值链的生态扩张能力，并让企业敢于重仓战略方向，长期坚持事业的方向，做自己擅长的事情。这些企业家会成为价值链的管理者，基于产业的投资基金会自觉地走向产业金融，以产业的发展规律为基准，来确定产业投资的周期。这是在几十年的全球金融教训的基础上总结出来的产业金融思想。

6. 战略价值创造促进市值管理

说到底，企业家也是一个"搬砖人"，千亿公司和其他企业的逻辑是一样的，不停地提供现金流，企业战略投资部门不停地投资新项目，企业要不停地向未来去"搬砖"。基于行业上下游的投资，可以增强企业的产业竞争力，企业在相关产业积累能力，能够在产业金融整合的基础上，发挥出更大的价值创造能力。让企业的发展预期变好，这就是市值管理。

千亿公司多数都是上市企业，上市企业自然会考虑到市值管理，这是非常中国化的一个词语，从内涵来说，市值管理的内容可以归结为价值创造、价值经营和价值实现三个方面。价值创造是市值管理的基础，价值经营是市值管理的关键，价值实现是市值管理的目的。市值管理就是要使价值创造最大化，最终实现股东价值最大化。

我们首先来说问题，对于市值管理，在实际操作层面有工具化和表面化的具体情况，事实上，很多中小上市企业热衷于此。对于上市的千亿市值的企业，创始人明白，市值管理要以价值管理为基础，是价值管理的延伸。对于这些经营者来说，市值是维系的一种数据指标，而背后的支撑因素，是占有更大的市场，更大的产业赛道机会。

企业家很清楚，产业金融是做大事业家的机制，搞金融扩张那是大资本家的机制。这些上市企业，如果不是银行、保险、证券期货等金融企业，其背后的主要经营逻辑还是事业机制。因此，企业的市值管理仍然依赖用户、产品和服务，基因就在那儿，不能做"狗拿耗子"的事情。

我们在本章节探讨的问题，其实是用投资银行思维来统领事业经营和企业的产融部门，处理好企业竞争力，学会金融叙事。投行思维注重风险控制之下的进取，其核心是概率思维，敢于对未来下注，对战略赛道中的机会下注，毕竟，工业实业家的思维方式和投资银行家之间的思维内核是迥异的。

投行思维的精髓在于敏锐洞察市场趋势，精准评估资产价值，灵活运用金融工具与策略，实现资本的最大化增值。它强调风险控制与收益预期的平衡，注重在复杂多变的金融环境中寻找并创造投资机会。同时，投行思维还体现在高效的项目执行与资源整合能力上，要能够迅速响应市场变化，并通过并购重组、融资上市等手段，助力企业成长与产业升级。简言之，投行思维是一种战略性、前瞻性的金融思维方式，旨在通过智慧与资本的力量，推动经济价值的创造与提升。

我们都知道六西格玛，知道严格的质量管理，知道要保持百万分之一的产品质量瑕疵，这是典型的实业思维，工业产品是不容错的，在一家思维很民主的公司里，产品质量管理也是如此，标准化严格到极致。投资银行思维则是容错的，金融资本运作的世界是概率的世界，虽然有严格的数据分析、人性洞察，但还是有大面积的错误发生，因此必须诚实和拥有自我纠正的能力。

在进行战略投资管理的时候，千亿公司的决策者需要瞬间转变为投行思维，为战略投资准备好投资团队和过程管理团队，对于新事物，需要寻找到优秀的战略投资顾问，一起做开放式工作。战略投资依赖战略环境的管理，这些对于中小企业来说都是新领域。

企业的市场总价值并不是自己来衡量的，而是由用户和投资者共同衡量的。资本市场并不是公平地评估产品的功能和价值，而是时势造就的潮涌行为，资本价值的非理性繁荣和冷落，需要市值管理者去关注产业的内核是否能够成为风潮。

对于千亿公司来说，价值创造的过程，需要做出战略安排。战略投资项目类似于内部创业，企业需要和对待外部投资对象一样把握整个流程，以保持创业团队的活力，并激发团队的战斗力。责权利都需要在制度层安排到位。内部对赌和个人承诺以及团队承诺，都要做，战略财务也要进行资产移交，并且进行有效的监督。无论人才梯队多有能力，在创新创业的过程之中，都会面临认知和资源同时短缺的境遇。因此，对于战略创新和新价值生成的问题，其实都需要团队有生死一搏的勇气。而这一切，现在都需要变成战略管理者对于团队的严格要求，没有极端的"智力压榨"，创新成果就出不来，这就是战略价值创造的过程。

资本市场的交易量和资本的导入规模，影响着投资者对于企业的定价。我们可以看到很多不合常理的地方，但定价逻辑是由市场决定的。这才是一家企业需要市值管理的主要原因。公司要提高信息披露质量，完善信息披露制度，以确保市场能够及时、准确地了解企业的经营状况和发展前景；同时，加强与投资者的沟通和互动，解答投资者的疑问，以增强投资者信心。当企业市值被低估时，可以采取回购股份、大股东或高管层增持股份、加强市场预期引导等手段，维护公司市值的稳定；同时，通过资本运作手段，如并购重组等，提升企业的市场地位和影响力。企业也可以通过加强分析师关系管理、媒介关系管理等手段，让更多的投资者和市场人士了解企业的内在价值和发展潜力；同时，通过提高信息披露质量和投资者关系管理水平，将企业的内在价值有效地传递给市场，实现价值最大化。企业应密切关注市场反应和投资者情绪变化，并及时调整市值管理策略；同时，加强与市场的沟通和互动，提高市场对企业价值的认知度和认可度。

市值是市场对企业内在价值的反映，而内在价值的核心就是企业的价值创造能力。因此，大企业必须明确价值创造的重要性，并通过提升内在价值来支撑市值的增长。市值管理与价值创造都是长期过程，需要企业持续投入和努力。因此，企业应构建长效机制，将市值管理与价值创造纳入企业的日常经营和管理，以确保两者之间的协调和统一。

第九章

合规、社会责任和可持续发展

1. 千亿公司的经验教训

可持续发展，作为当今时代企业战略的基石，尤其是对于那些已经成长为千亿市值的企业巨头而言，它不仅是企业社会责任的体现，更是确保企业基业长青、跨越经济周期的关键所在。然而，达成这一目标，却是一条布满荆棘、挑战重重的道路。在商业历史的长河中，无数曾经辉煌耀眼、独领风骚的企业，最终都未能摆脱产业周期更迭带来的冲击，它们在变革的洪流中失去了主动出击的能力，逐渐褪色，直至消失于公众的视野，这样的结局无疑令人扼腕叹息。典型的企业，比如柯达，就是倒在了数字化时代门槛前的巨人。

可持续发展之所以困难重重，首先在于其要求具有全面性。它不仅关乎财务业绩的持续增长，更涉及环境保护、社会责任、企业文化、技术创新等多个维度的平衡发展。这意味着企业需要在追求经济效益的同时，还要兼顾生态环境的保护，积极履行对社会的承诺，营造积极向上的企业文化氛围，并持续推动技术革新以保持竞争力。这种多维度的平衡，对于任何一家企业而言，都是一项复杂而艰巨的任务。

产业周期的快速转换加大了可持续发展的难度。随着科技的飞速发展和市场需求的不断变化，产业格局时刻处于动态调整中。昔日辉煌的商业模式可能在转瞬之间就被新兴业态取代，而那些未能及时察觉并主动适应变化的企业，往往会在不经意间陷入困境。因此，对于千亿公司而言，保持敏锐的洞察力，紧跟时代步伐，勇于自我革新，就成为其可持续发展的关键所在。典型的企业案例就是"国美模式""苏宁模式"向"京东模式"的转换过程，企业在周期的沉浮里，感受到了时代不可逆转的变革力量。

第九章　合规、社会责任和可持续发展

企业内部的惯性思维和文化障碍也是制约可持续发展的重要因素。长期以来形成的固定思维和管理模式，往往会阻碍企业对新事物的接受和尝试。同时，企业内部不同利益群体之间的博弈和妥协，也可能导致决策过程变得复杂而缓慢，从而错失变革的最佳时机。因此，打破惯性思维、构建开放包容的企业文化、加强内部沟通与协作，成为企业实现可持续发展的必要条件。

领导者的角色与心态演变，是企业发展过程中最为戏剧性的一面。智慧与勇气所决定的价值，随着企业发展，会占据越来越大的权重。当企业规模膨胀至千亿级别，昔日的辉煌与成就往往会成为一把"双刃剑"，它既是对过往努力的肯定，也可能成为未来前行路上的绊脚石。

领导者心智层面的归零显得尤为重要。所谓"归零"，并非对过往成就的否定，而是一种深刻的自我反思与重新定位。它要求领导者能够放下曾经的荣耀与光环，以初学者的心态重新审视市场和竞争对手，并不断寻求新的突破点和增长点。

然而现实往往并非如此简单。许多企业领导者在成功之后，容易陷入"自我满足"的陷阱，沉迷于过去的辉煌之中，开始"捍卫标准答案"，即固执于既定的战略和管理模式，不愿接受新的理念和技术。这种心态的固化，不仅限制了企业的创新能力，更可能导致企业在快速变化的市场环境中失去竞争力，最终走向衰败。这不仅是企业的悲剧，更是领导者个人职业生涯的遗憾。

荣耀与权力作为成功的副产品，往往具有极强的诱惑力。它们能够给予领导者前所未有的自信与威望，但同时也可能成为企业战略洞察的迷幻药。在权力的光环下，领导者可能会变得盲目自信，忽视市场的真实需求和竞争对手的威胁，从而做出错误的决策。此外，权力的集中还可能滋生官僚主义和内部腐败，从而进一步削弱企业的凝聚力和战斗力。

因此，对于千亿公司的领导者而言，重新看待权力、解构权力的幻觉

显得尤为重要。他们需要意识到，权力不是用来炫耀和控制的工具，而是推动企业向前发展的杠杆。领导者应当学会放权与赋能，以激发团队的创造力和执行力，并让团队成员共同为企业的长远发展贡献力量。同时，他们还应保持谦逊与自省，经常倾听来自市场和员工的声音，以确保企业的决策始终贴近实际、符合潮流。

过度自信会导致企业忽视市场变化，从而过度扩张或盲目多元化，并让产品定位不清晰。企业如果未能及时识别并适应市场趋势、消费者偏好的变化，就会导致产品或服务失去竞争力。在一个领域获得成功，就以为无事不成，并盲目进入不熟悉的领域，会导致资源和精力的分散，从而使市场壁垒无法有效形成。有时候，这种心态甚至会让企业很难再谦虚对待用户的需求，并无法明确传达产品价值，消费者认知开始模糊，市场份额也难以提升。

即使千亿公司也需要持续关注市场动态，灵活调整战略；保持核心竞争力，谨慎选择多元化路径；清晰定位，强化品牌认知。

企业是一个熵减系统，不进则退，只要稍一懈怠，企业便有可能从管理得井井有条变成管理不善。战略管理失误、组织僵化、领导者不再用管理制度约束自己，这些都可能导致企业快速失去发展势头。面对这些问题，企业需要持续努力建立科学的决策机制，鼓励多元化意见；优化组织结构，提高决策效率；选拔和培养具有前瞻性和适应性的领导者。这样才能够保持企业的发展势头。

管理不善首先可能会在财务领域表现出来，经过了一系列折腾之后，问题会逐步暴露在财务上。成本控制不力，加上投资失败，导致资金链断裂，现实业务萎缩导致现金流欠缺。我们常会在对上市企业的财报当中看到同样的话语：企业运营成本高昂，利润率低，难以维持长期运营；企业胡乱投资扩张，大额投资未能产生预期回报，甚至导致巨额亏损；企业负债过高，过度依赖外部融资，缺乏稳定的现金流，无法应对经济波动或突发事件；研发投入不足，缺乏持续的技术创新和产品迭代能力，未能跟上行业技术进步的步伐，产品或服务逐渐被市场淘汰。

这些问题的产生，最终会导致现金流欠缺，一旦企业陷入这个境地，企业的巨额资产瞬间就会变得不值钱，这是企业破产重组的导火线。因此，即使千亿公司，也需要死保现金流。

另外，企业衰败的另一个重要但不起眼的原因，就是文化和价值观的退化。和管理系统一样，文化价值观退化也很容易，往往内部只需出现几件事，如在企业内部出现了不公平事件，共识就会被消灭掉。价值观一旦扭曲，就会让原有企业文化被稀释，并让员工缺乏归属感和凝聚力。追求短期利益，忽视社会责任和长期价值创造，会损害公司形象和声誉。企业还需要警惕"窝里横"的现象。所谓"窝里横"，即企业在内部竞争激烈、资源争夺激烈的环境下，忽视了与外部环境的和谐共生与合作共赢。这种短视的行为不仅会损害企业的品牌形象和社会声誉，还可能引发一系列内耗和冲突。价值观衰败的一个标志是，一家企业不断出现跟业务相关或者不相关的丑闻。

哪怕是千亿公司，也需要理解企业生命的脆弱性，大企业的教训太多了。千亿公司想要做好，就需要知道自己几斤几两。在全球化日益加深的今天，任何一家企业都无法独立于世界之外。对于千亿公司而言，更是如此。它们需要与全世界最强者去对标并努力超越，而不是仅仅满足于在国内市场的领先地位。这种全球化的视野和追求卓越的精神，是推动企业不断攀登高峰的重要动力。

对标全球，意味着企业要在技术创新、品牌建设、市场拓展等方面与全球顶尖企业看齐，甚至超越它们。这要求企业具备强大的研发能力、敏锐的市场洞察力和高效的运营管理体系。同时，企业还需要培养一支具有国际视野和跨文化交流能力的团队，以便在全球市场上更好地整合资源、开拓市场。

2. 合规和全球经营风险防控

企业的基础运行规律取决于三个流：信息流、物流和财务流。随着科技的飞速进步，特别是互联网技术的广泛应用与深度渗透，市场经营环境正经历着一场深刻的变革，其中媒介环境的急剧变化尤为引人注目，它不仅重塑了信息传播的方式与速度，更在无形中加剧了市场竞争的复杂性与不确定性，其中最显著的特征便是"不对称伤害"现象的日益凸显。

媒介环境的颠覆性变革与用户市场信息流的改变，事实上已经改变了运营环境。现在，全球跨国公司在全球经营过程中会面临多种经营风险，这些风险可能源自经济、政治、文化、法律等多个方面。千亿公司有千亿烦恼，市场变得七嘴八舌，企业品牌处于不断被诋毁，不断在构建的动态进程中，这对企业无形资产和数字资产提出了严峻的挑战。

回顾中国企业的创业历程，工业时代的大媒体模式以其强大的信息覆盖能力和舆论引导力，成为塑造公众认知、推动社会潮流的关键力量。电视、广播、报纸等传统媒体如同信息的巨型灯塔，引导着社会舆论，企业品牌与形象的塑造往往依赖这些渠道的精心布局与投放。很多中国消费品名牌都是在这样的逻辑下发展起来的。然而，随着互联网技术的崛起，尤其是社交媒体、短视频平台、自媒体等新兴媒介的兴起，信息传播的版图被彻底改写。信息不再受制于少数几个中心化的媒体巨头，而是呈现出去中心化、碎片化、即时化的特点，每一个个体都有可能成为信息的生产者与传播者。现在，维系一个企业品牌形象的稳定性，已经变得越来越难，品牌行为已经转变为一个舆论市场。

千亿公司多数都是产业的"领头羊"，都在市场的明处，舆论市场的碎片化带来的最直接后果，便是市场经营环境的不可控性显著增加。在碎片化媒介世界中，信息如潮水般涌来，真假难辨，良莠不齐。一方面，这为企业提供了更多元化的营销渠道和更精准触达目标受众的可能性；另一方面，为企业带来了前所未有的风险。

一个原本微不足道的负面评论，在网络的放大效应下，可能会迅速发酵成一场舆论风暴，对企业品牌和企业形象造成难以估量的损害。这种"不对称伤害"现象，即负面信息往往比正面信息更容易引起公众关注并造成深远影响，成为众多千亿公司不得不面对的严峻挑战。

比如，互联网时代的匿名性与低门槛，使得恶意顾客或竞争对手有了更多机会和方式对企业进行无差别攻击。他们可以通过伪造信息、散布谣言、煽动情绪等手段，在短时间内引发公众对企业的不满与质疑。对于依赖品牌形象和消费者信任生存的企业而言，这样的打击无疑是致命的。尤其是在社交媒体上，一旦负面信息被大量转发和讨论，就会形成强大的舆论压力，迫使企业投入大量资源去应对和澄清，甚至可能因此错失市场机遇，造成重大经济损失。

千亿公司的运营需要严格的合规管理，对于这些跨文化的跨国公司而言，企业需要谨言慎行，在进行全球表达的过程之中，一定要建立自己的表达边界。作为一个经济组织，不应该深入地缘政治和国家政治领域。全球表达需要一致性、普适性。

所谓合规，首先要防止法律风险，不同国家和地区的法律体系存在差异，跨国公司需要遵守多个国家的法律法规，以确保合规经营。因此，企业需要保持法律合规性。跨国公司在全球范围内开展业务时，可能面临知识产权侵权的风险，如专利、商标、版权等。因此，在开展项目的时候，需要做完整的知识产权合规审核，以防止此类风险。在企业运营的过程中，慎重选择伙伴，如受制裁的国家和企业，要防止合作引发复杂的法律程序和跨国诉讼以及因其增加的解决成本和不确定性。

地缘政治和东道国的政策变化也可能给企业运营带来风险。比如，美国的长臂管辖，政府的政策变动，如贸易政策、税收政策、外资政策等，可能对千亿公司的经营产生不利影响。全球市场并非像中国市场这样稳定可预测，全球经营中，一些国家政治不稳定可能导致社会动荡、法律执行不力等问题，从而增加跨国运营风险。比如，一些企业的员工在海外受到人身攻击和伤害的问题。

全球互联网舆论的分裂，导致一个大公司在一些国家是国家能力的象征，而在另一些国家则成了被打击的对象。小企业对此无感，但对于全球经营的企业而言，需要深度思考一些国家可能对涉及国家安全的外资项目进行严格审查甚至阻止其进入市场的法律行为。国际关系的紧张或冲突可能导致的贸易壁垒、制裁等，会影响跨国公司的全球供应链和市场准入。

而政治文化环境的变化，会对千亿公司的运营带来风险，现在，全球大企业都面临着供应链断裂的问题。跨国公司的供应链可能跨越多个国家和地区，管理难度加大，任何环节的失误都可能影响整体运营。跨国公司在不同国家和地区需要招聘和管理不同文化背景的员工，这就让人力资源管理面临挑战，地缘政治风险也会导致员工价值观分裂。用户要求企业标明立场的案例，也越来越多。

千亿公司的麻烦不止于此，全球地缘政治和经济的分裂，也会导致产业重组，并让企业经营环境急剧变化。千亿公司多数会进行多个货币区的交易，这会让汇率风险更加显著。市场利率的变动可能影响跨国公司的融资成本，进而影响其投资决策和盈利能力。不同国家不同地区通货膨胀会导致物价上涨，增加运营成本；而紧缩则可能抑制消费，影响市场需求。

文化合规对于千亿公司是很难的事情，不同国家和地区的文化背景、商业习惯和消费观念可能存在差异，从而导致千亿公司在市场调研、产品设计、营销策略等方面出现偏差。语言和文化差异可能会导致沟通不畅，影响跨国公司的内部管理和外部合作。同一品牌在不同国家的市场认知度和接受度可能存在差异，影响千亿公司的品牌建设和市场推广。

面对如此复杂的经营环境，企业内部需要做到全程合规，外部需要建立健全舆情监测与应对机制，以及时发现并妥善处理潜在的负面信息。注重与用户的直接沟通与互动，通过优质的产品和服务赢得消费者的信任与忠诚，是构建稳固品牌的基础。企业内部应加强文化培训、制定文化融合策略、建立多元化和包容性的企业文化等。例如，某些文化可能强调集体主义和团队合作，而另一些文化则更注重个人主义和竞争。千亿跨国公司需要认识到这些价值观差异，并采取适当的措施来协调和管理这些冲突，以确保公司的和谐与稳定，防止企业内部外部爆发跨文化冲突丑闻和负面影响。

公司需要加强跨文化管理能力的建设，深入了解目标市场的文化背景和消费者需求，制定符合当地文化和商业习惯的市场策略和管理制度。企业应建立并完善合规管理体系，包括组织架构、制度规范、运行机制和监督机制。明确合规管理部门的职责和权限，确保合规工作有专人负责。制定详细的合规手册和操作指南，为全体员工提供明确的合规指引。同时，建立合规培训机制，提高员工的合规意识和能力。

千亿公司在全球经营过程中，应特别关注一些重点领域和环节的合规管理。例如，在对外贸易方面，要确保贸易活动全流程、全方位合规；在境外投资方面，要全面掌握市场准入、国家安全审查等方面的具体要求；在环境保护、劳工权益保护等方面，要严格遵守当地法律法规和国际标准。

合规文化的培育是企业合规管理的基石。千亿公司应积极营造浓厚的合规文化氛围，让合规成为企业的核心价值观和行动准则；应通过高层示范、员工培训、案例分享等方式，提高全体员工的合规意识和责任感；建立合规激励机制，对表现突出的员工进行表彰和奖励，以激发员工参与合规管理的积极性。

千亿公司在经营合规和全球经营风险防控方面，需要采取全面而细致的管理措施。通过明确合规目标和要求、加强风险评估与应对、建立合规管理体系、强化内部控制与监督、加强全球合规协同、引入专业咨询与服务、关注重点领域和环节以及培育合规文化等方式，确保企业的稳健发展并能有效应对各种风险挑战。

3. 持续自我纠错，推进可持续发展

在市场浪潮中，企业组织面临的最大经营风险往往并非来自外部的激烈竞争或不可预测的市场波动，而是源自内部的"不真实"——信息不对称、决策失误、管理漏洞以及文化扭曲等内在因素的累积与放大。这种"不真实"状态，如同潜伏在企业肌体中的暗流，悄无声息地侵蚀着企业的健康，直至爆发成难以挽回的危机。

"实事求是"，这一源自中国传统哲学的智慧，对于现代企业管理而言，具有不可估量的价值。它要求企业在面对复杂多变的市场环境时，能够摒弃主观臆断和偏见，并以客观、准确的数据和信息为依据，做出科学合理的决策。

对于任何一家志在成为千亿级巨头的企业来说，保持实事求是的经营状态，不仅是其生存的基础，更是其持续发展的动力源泉。这意味着，企业需要建立一套完善的信息收集、分析、反馈机制，以确保决策层能够及时、准确地掌握市场动态和内部运营情况，从而做出符合实际的战略调整和资源配置。

持续自我纠错，则是现代经营者必备的一项核心素养。在快速变化的市场环境中，任何企业都难以避免犯错。关键在于，企业是否具备强大的自我纠错能力，能否在发现问题后迅速反应，采取有效措施予以纠正，并

第九章　合规、社会责任和可持续发展

从中吸取教训，避免重蹈覆辙。这种能力不仅体现在对具体业务操作的调整上，更体现在企业文化、制度设计、战略规划等深层次领域的持续改进和优化上。通过持续自我纠错，企业能够不断适应外部环境的变化，保持组织的活力和竞争力，实现可持续发展。

企业创始人作为企业的灵魂人物，对企业的爱不应仅仅体现在对短期业绩的追求上，更应体现在对企业长远发展的深刻关怀上。保持企业自我纠错的能力，就是企业创始人爱企业最好的方式。在这个过程中，创始人需要展现出非凡的智慧和远见，要能够洞察行业趋势，预见潜在风险，并为企业制定科学合理的发展战略。同时，他们还需要勇于自我革新，敢于打破陈规旧习，并以此推动制度创新和文化塑造，从而为企业注入新的活力和动力。在这些努力中，个人的面子和得失往往显得微不足道，因为企业的长远发展才是他们最为珍视的目标，伟大的领导者都是会认错的领导者。通过持续自我纠错和不断地创新实践，企业能够逐渐从"不真实的状态"中挣脱出来，回归到真实、健康、可持续的发展轨道上。这种转变不仅会为企业带来更加稳固的市场地位和更高的盈利能力，更会为企业赢得社会的尊重和认可，并让企业成为推动社会进步的重要力量。

千亿公司的创始人和核心团队，都是企业系统的构建主义者。以华为为例，健全的制度是企业稳健前行的基石。在华为，从研发、生产到销售，每一个环节都有明确的流程和规范，确保了决策的高效与执行的有序。其创始人任正非推动建立了严格的绩效考核体系，鼓励员工追求卓越，同时也确保了公平与透明。更重要的是，任正非倡导"以客户为中心"的核心价值观，并将其融入制度设计中，使得华为能够在激烈的市场竞争中保持敏锐的洞察力和快速响应能力。

华为的自我批评文化在很大程度上得益于其领导层，特别是创始人任正非的推动。任正非多次在公开场合强调自我批评的重要性，并通过自己的言行和演讲来传达这一理念。他认为，自我批评是华为能够持续进步和

保持竞争力的关键。

华为通过一系列制度化的措施来确保自我批评文化的落地。例如，华为建立了定期的民主生活会、集体讨论和反馈机制，让员工有机会公开表达自己的意见和批评。同时，华为还通过职位评价、任职资格认证和绩效考核等评价体系，促使员工进行自我反省和总结。

文化氛围的营造也很重要，华为有一个简单的话语："夸奖自己不要超过三句，第四句就要进行自我批评。"华为努力营造出一种开放、透明和包容的文化氛围，这让员工敢于坦诚面对自己的错误和不足。这种文化氛围使得自我批评不再是一种负担，而是一种促进个人成长和组织发展的有效手段。

自我批评帮助员工发现自身在工作中的不足和错误，促使他们进行自我反省和改进。这种持续的自我提升过程不仅提高了员工的工作能力和职业素养，还增强了他们的责任感和使命感。这种持续的自我提升过程有助于员工更好地适应市场变化和客户需求，提高工作绩效和竞争力。

任正非等领导层的以身作则，如公开道歉和检讨，为员工树立了榜样，鼓励了员工勇于面对错误并积极改正。通过相互批评和自我批评，团队成员之间可以更加坦诚地交流意见和看法，增进相互理解和信任。这种开放和包容的氛围促进了团队协作和沟通，提高了团队的整体工作效率和凝聚力。通过自我批评，企业能够培养出一群"把面子扔给狗吃"的领导者，这些根据事实做管理的企业核心团队，在根本上符合经营的本质。

自我批评其实是千亿公司实现可持续发展、保持组织活力的关键机制。自我批评文化有助于企业及时发现和纠正存在的问题和不足，从而保持组织的活力和竞争力。这种持续改进和优化的过程有助于企业适应市场变化和客户需求的变化，并保持领先地位。自我批评可以相互修正认知，形成共同的价值观和文化理念，这是组织凝聚力的重要来源。华为的自我批评文化使得员工能够共同面对问题和挑战，形成强大的向心力和凝聚力。这种凝聚力有助于企业在面对外部压力和竞争时保持团结和稳定。

自我批评文化有助于企业及时发现和纠正经营中的问题和错误,从而避免问题扩大化并减少潜在的损失,其实这也是最好的降低运营成本的方式。这种快速响应和持续改进的能力使华为能够更好地适应市场变化和客户需求,并保持竞争优势。通过自我批评,华为能够不断优化产品、服务和业务流程,并以此提高客户满意度和忠诚度。这种以客户为中心的理念和行动帮助华为赢得了更广泛的市场份额和品牌影响力。

华为的自我批评文化是在其长期的发展过程中逐渐建立起来的。在长期工作中,不断认识自己的人,会带出内驱力,拥有内驱力的组织,都是创造不平凡的组织。这样的企业,能够充分认识到真实的经营世界,并通过调整自己,将自己转变为能够自主决策、自我完善、持续创新的状态,这是了不起的组织治理成就。

4. 千亿公司的社会责任

千亿公司作为经济领域的巨擘,其影响力早已超越了简单的财务数字与市场份额的争夺,它们正以前所未有的深度和广度,塑造着社会的未来面貌。这些企业的核心价值,不仅体现在它们为股东创造的巨大经济价值上,更在于它们通过自身的创新与实践,为整个社会的发展提供了引领性的发展思想和动力源泉。

千亿公司往往站在行业乃至时代的前沿,它们的每一次战略转型或管理创新,都可能成为推动社会进步的重要力量。这些公司通过建立高效、透明、可持续的管理流程,不仅提升了自身的运营效率和市场竞争力,更为整个行业乃至社会树立了标杆。这种管理模式的革新,不仅促进了资源的优化配置，提高了生产效率，还激发了市场的活力与创造力，从而为经济的持续增长注入了强劲动力。

作为社会的一分子，企业的发展应与社会的整体福祉紧密相连。因此，这些公司积极投身于公益事业，通过教育支持、环境保护、扶贫济困等多种方式，回馈社会，以促进社会的和谐与可持续发展。它们利用自身的技术、资金和人才优势，解决社会问题，改善民生福祉，展现了企业公民的良好形象。千亿公司还通过技术创新和产业升级，推动了经济结构的优化与升级。它们致力于研发新技术、新产品，引领产业潮流，推动传统产业向高端化、智能化、绿色化方向发展。这种创新不仅提升了企业的核心竞争力，更为社会经济的转型升级提供了强大的支撑。在这个过程中，千亿公司不仅创造了更多的就业机会，提高了人民的生活水平，还促进了社会的整体进步与繁荣。

在社会责任领域，相对于硬实力，千亿公司的软实力是一种社会引领。举例来说，当整个社会还沉浸在自然资源攫取的产业经济氛围中时，这些千亿公司已经将经济竞争引入知识主战场。比如，一批科技公司将知识产权布局作为企业业务战略的边界线。从人类的产业经济来说，业务战略效能的维系，需要建立自己的专利矩阵，矿产和一般自然资源并不具备独特的排他性，但专利是在一定时期内保护企业垄断经营的底层规则，也是全球市场经济的运营基础，即使在竞争性经济体之间，对于专利资产保护的共识，在绝大多数领域还是存在的。这是全球经济运行秩序的基础，因此，我们就能够理解为何华为、大疆会投入数千亿元的现金进入研发领域。

良好的公司治理与透明度是确保企业社会责任得到有效落实的基础。企业应建立健全内部管理制度，以确保决策的科学性和合规性。同时，加强信息披露，提高透明度，让利益相关方能够及时了解企业的经营状况、风险挑战及社会责任履行情况。这有助于增强公众对企业的信任和支持，从而为企业可持续发展创造良好的外部环境。这种社会标杆的出现，对于

第九章 合规、社会责任和可持续发展

社会经济起着一个灯塔作用。

一个千亿公司的存在，向社会共享了人类最新的知识形态，这是我们认为的最大的社会价值。当这些知识向全社会输出的时候，专利和技术创新能力积累，动态创新探索能力会成为企业构建独特产业生态的基础工程，也是下一个时代获得尊敬、打造高端品牌和企业形象以及拥有定价权的基础。小企业跟着这些思想者有样学样，也就构成了一个创新国家的基础。中国绝大多数中小企业还没有以专利和技术创新为基础的立企之本，因此，它们只有在产业链上具备独特的知识资产，而且只有不断扩张积累自己的知识资产，才能够活下去。按照新逻辑运营的企业才能活下去。

和社会实现共赢的思想应该贯穿千亿公司运营的整个过程，老老实实将基础工作做好，不逃避产业难题，构建良好的产业生态，参与全球竞争，帮助国家社会获得竞争能力，让整个产业链能够获得更好的经济效益，这就是千亿公司的社会责任。也就是说，对于大企业而言，能够做好自己，其实本身就是在为社会做贡献。

千亿公司作为国民经济的支柱，通过技术创新、产业升级和市场拓展，不仅直接创造经济价值，还通过产业链上下游的联动效应，带动了中小企业发展，增加了就业机会，缓解了社会就业压力。同时，追求可持续的经济增长模式，避免短期利益最大化，注重长期投资与社会贡献的平衡，是大型企业对社会负责的体现。

千亿公司有责任采取绿色生产方式，减少污染物排放，提高资源利用效率，推动循环经济发展。这包括采用清洁能源、实施节能减排项目、开发环保产品等。此外，积极参与生态保护项目，如植树造林、湿地保护等，也是企业履行环境责任的重要方式。

当下的很多千亿公司不仅需要管理好自己，也需要管理好整个供应链。在供应链管理中，应确保供应商遵守劳动法规，保障员工的基本权益，包括合理的工资待遇、安全的工作环境、禁止使用童工和强迫劳动等。通过

构建负责任的供应链体系，大企业能够推动整个行业向更加公正、透明的方向发展。

对于很多企业来说，社会责任需要实现制度化，并让其成为企业的一项常态活动，如企业定期发布企业社会责任报告，公开企业在社会责任方面的实践和成果，接受社会监督。也可以通过设立公益基金、捐赠物资、志愿服务等形式，让企业不仅能够回馈社会，还能增强员工的社会责任感和使命感，并提升企业形象和品牌价值。企业在平衡社会责任和商业利益时，需要树立社会责任意识、制定可持续发展战略、加强利益相关者沟通、建立透明度和监督机制以及追求双赢局面。通过这些措施的实施，企业可以在追求商业利益的同时，积极履行社会责任，并为社会和环境创造长期价值。

后记

卓越者的时代到来了

在本书中，我们对于"独角兽"企业、千亿公司在运营周期中碰触到的所有问题都进行了阐述，完稿之后，深切地感受到了时代的变化。千亿公司实现从一个制造工厂到一个复杂生态的转变，是包容性观念领域的巨大挑战。建立在数字智能化之上的生态架构，是从战略到业务、组织、技术、运营的全链路、全要素、全场景、全触点、全网全渠道、全生命周期的解构、重构和持续优化的过程。游离在大生态之外的单个企业，已经无法适应当前的经营环境。

千亿公司都是在动态假设中处理项目的，动态是一种系统的哲学，动态调集资源，实现综合创造，讲求资源聚散的速度；在行动的过程中，强调思维的立体性和多维性，要求人们打破传统的思维模式，从不同的角度和层面去揭示事物的本质和规律。

千亿公司的运营本身主动保持着矛盾的一体性，在一些事务上强调原则性，在另外一些事务上又保持足够的包容性和灵活性，注重方向的正确，也注重当下的经营细节和盈利能力。

理解了千亿公司这个独特的企业物种就会发现，低水平经营的时代已经结束，卓越者的时代已经到来。在本书即将出版之际，我要感谢所有为这本书付出努力的人，没有你们的支持，本书的出版过程就不会如此顺利。

2024 年 8 月 15 日于常州

附录

附录一：
给即将进行IPO企业核心管理团队的一封信

对于企业来说，在发展过程中，上市是一个重要的里程碑，意味着企业需要将自己的市场价值创造能力及预期同公众投资者分享。从全球资本格局来看，上市是企业的一种高成本的融资和发展方式，是与大众投资者分享发展成果。对于企业来说，上市不仅是"为人民理财"，更能让其成为优秀投资标的，而这是检验企业资本运营的核心价值取向。

在走向资本市场之前，企业需要想好上市的目的和定位，证券市场的论述一般都有误导性，身价计算和排名、股东股份溢价退出、提升品牌知名度、筹集资金扩大业务等目的，其实都是副产品，一家真正走向资本市场的企业，意味着在完全信息透明的经营环境中也能继续保持自己的核心能力和使成熟业务连续盈利的能力。

企业在现实产业赛道中的产业地位和盈利预期以及上市后对于大众投资者的中短期回报，是企业在资本市场上的首要表现。在全球资本市场严格监管的条件下，以投资者为中心的理念会逐步贯彻下去，这会促使上市企业重新思考和布局自己的经营行为。

战略经营和现实业务的艰难平衡以及风险控制，是上市企业新的管理框架。资本运营的方式、收益和风险模式都在改变，以乘法发展，以除法衰退，企业基本面不稳，在资本市场会被放大，合规经营和投资者关系管理变成企业的优先事项，股市作为低成本融资的渠道功能正在改变。上市企业将面对更多的机构投资者，他们需要更高的战略回报，同时也可以作为优质资产的同盟军，在符合产业规律方面，产融资本拥有更强的周期管理能力。因此，创立优质资产是企业永恒的任务，是保持企业对于资本吸引力的主要方式。

上市其实并不是一种荣耀，而是股份制企业社会化发展的一个进程，上市的进程，也逐步祛魅，让企业成为主流赛道中的产业引领者，才是上市的真正目的；回到初心，梳理愿景，重申价值观，健全企业治理，才是成为千亿公司的基础工程。

附录二：
给百亿市值企业核心管理团队的一封信

当企业上市多年，实现了百亿产值和数百亿市值后，经营相对稳定，拥有出色的营销系统和市场经营网络，此时，市值管理和产业飞跃会成为企业发展的两个难题，因而，战略管理和企业治理就成了重中之重。

企业的战略管理要求企业在适当的时机开启第二曲线变革，在成熟业务继续保持高盈利的情况下，将资源投入到自我颠覆的领域，实现自我替代。现实产业和未来产业之间的平衡，需要完善的企业治理结构才能维持。否则，在保持战略经营的连续性方面，一旦资本市场出现动荡，企业首先就会出现战略退缩。

战略管理的本质，需要以克服产业难题为己任，因此，创新和营销需要成为配称体系，实现企业基本功能的再平衡。战略总是会和当下不能完成的难题实现阶段性共存，在百亿到千亿公司的扩展过程中，一定是以解决一个或几个社会经济瓶颈问题来换取发展空间的。这是经营的常识，因为在没有核心竞争能力的情况下，靠扩张上量的思维方式，是一个危险的经营模式。

市值管理的希望不在其本身，当然，市场预期和舆论管理十分重要，但更深层次的破局，还是来自战略突破和成熟业务的经营领域。对于成熟业务，企业需要思考清楚，不能过早退出成熟业务，现金流比黄金更珍贵。没有现实业务的盈利基础，一切愿景和战略目标都是空中楼阁。

真正的市值管理之路只有一条，那就是在企业管理和战略资源领域兵分两路：一路进行战略管理变革，将企业内外能够组织到的最优资源配置过去，实现战略贯通，让最优秀的人才和技术团队都能在变革创新中体现价值；另一路则需要流血流汗，争做现实业务的铁军，以铁的纪律和管理实现现实业务的盈利。

  我们在习惯性的区分模式下，将上市企业类别看成一个整体。事实上，上市企业之间的差距是巨大的，投资理论告诉我们，只有极少数的头部上市企业具备可持续的投资价值。因此，企业在资本市场中成为头部优质资产，通过战略突破给市场以预期，这是百亿到千亿公司的主要突破道路。变革和战略创新，同时又稳住成熟业务，是必然的平衡经营之路。

附录三：
给千亿市值上市企业核心管理团队的一封信

对于拥有数百亿市值和千亿市值的上市企业核心管理团队的高管而言，问题会回到经营团队本身，千亿公司往往已经是产业赛道中的领军者，此时，企业最大的敌人往往不是竞争对手和外部威胁，而是来自管理层的衰败。

规模越是巨大的企业，越需要出色的企业家引领，凭借企业家稳定的战略耐心，对战略赛道提前布局，这是物质资源无法提供的价值形态。没有什么现成的硬性资源可以帮助企业获得领先地位，只有世界级企业家和企业家管理团队才能够实现企业从千亿市值向万亿市值的飞跃。

对于千亿公司来说，管理团队需要有力争第一的战略勇气和战略阶段目标。企业家往往是下一次产业革命的引领者，不做出头鸟，紧跟出头鸟的思维模式已经不适合产业领袖型企业，而应做到思想观念创新、理论创新和管理创新，为企业占领战略赛道提供足够的智慧和胆识。对于全球万亿企业而言，软性资源因素又一次超越了硬性资源因素，人才和战略人才的突破，可以为企业冲上顶峰提供一条通道。

千亿公司或者万亿公司的市值管理，在本质上是观念引领和产业引领的双重胜利，观念引领让全球用户在精神领域实现高度认同；产业引领则帮助企业确立了全球标准，获取生态圈中的大部分收益，这是市场对于领先者的奖赏机制，是市值管理，但事实上已经超越了市值管理。

对于千亿公司和万亿公司管理团队而言，企业是一个经济组织，但对于这一群体来说，经济组织已经不好定义他们。

　　因创办企业而名垂青史的人不多，他们类似亨利·福特。一个国家在崛起过程中，少了这一群人的名字，国家都会暗淡下去。这是事实，也是激励一群人向上跃进的心智动力。